Dr. Manfred Büchele, Fritz Hindelang

Aufzeichnungen 1
Arbeitsblätter für den Deutschunterricht

8. Auflage

Bestellnummer 0307

Bildquellenverzeichnis:

Bildarchiv Preußischer Kulturbesitz, Berlin: S. 63
dpa Picture-Alliance GmbH, Frankfurt: S. 71
MEV Verlag GmbH, Augsburg: S. 5 (2), 11, 15, 18, 29
Pixelio media GmbH, München: S. 5 (links), 13, 16, 33, 50
Project Photos GmbH & Co. KG, Augsburg: S. 55
SV-Bilderdienst, München: S. 67, 79, 80
Ullstein GmbH/ullstein bild, Berlin: S. 5 (oben), 61, 65

Karikaturen/Zeichnungen

Bildungsverlag EINS, Troisdorf/Angelika Brauner: S. 25,
Bildungsverlag EINS, Troisdorf/Cornelia Kurtz: S. 39, 41, 51, 64
Michael Hüter: S. 57

Literaturverzeichnis

Beckmann, Lothar: Auszubildende Stifte, in: Papa Charly hat gesagt, Reinbek, Rowohlt, 1977
Böll, Heinrich: Anekdote zur Senkung der Arbeitsmoral, in: Das Heinrich Böll Lesebuch, hrsg. v. Viktor Böll, München, Deutscher Taschenbuchverlag, 1982, S. 223-225
Brecht, Bertolt: Fragen eines lesenden Arbeiters, in: Werke/Gedichte, Frankfurt a.M., Suhrkamp Verlag, o. J., S. 387 f.
Gotthelf, Jeremias: Deutsches Anekdotenbuch, München, Deutscher Taschenbuch Verlag, 1969, S. 44 f.
Hebel, Johann Peter: Dankbarkeit, in: Erzählungen des Rheinischen Hausfreundes – Vermischte Schriften, hrsg. v. Eberhard Meckel, Bd. 1, Frankfurt a. M., Insel Verlag, 1968, S. 100.
Hemingway, Ernest: Alter Mann an der Brücke, in: 49 Storys, übers. v. Annemarie Horschitz-Horst, Rowohlt TB, 1954
Kanzer, Johann Friedrich August, in: Schöne Fabeln für Jung und Alt, Frankfurt a.M., Ullstein, S. 154.
Lersch, Heinrich: Mensch im Eisen, in: Heinrich Lersch: Ausgewählte Werke, Düsseldorf/Köln, Diederichs Verlag, o. J.
Lessing, Gotthold Ephraim: Der Wolf und der Schäfer, in: Schöne Fabeln für Jung und Alt, Frankfurt a. M., Ullstein, S. 149
Piontek, Heinz: Das Mahl der Straßenwärter, in: Die Rauchfahne, o. J.
Polanski, Franziska: Roh, in: Lust am Weiterlachen, hrsg. v. Uwe Q. Heldt, Piper GmbH München, 1993, S. 45

www.bildungsverlag1.de

Bildungsverlag EINS
Sieglarer Straße 2, 53842 Troisdorf

ISBN 978-3-8242-0307-9

© Copyright 2008: Bildungsverlag EINS GmbH, Troisdorf
Das Werk und seine Teile sind urheberrechtlich geschützt. Jede Nutzung in anderen als den gesetzlich zugelassenen Fällen bedarf der vorherigen schriftlichen Einwilligung des Verlages.
Hinweis zu § 52a UrhG: Weder das Werk noch seine Teile dürfen ohne eine solche Einwilligung eingescannt und in ein Netzwerk eingestellt werden. Dies gilt auch für Intranets von Schulen und sonstigen Bildungseinrichtungen.

Inhaltsverzeichnis

Thema	Einzelaufgaben	Seite
Sich verständlich machen	Verständigung ohne Worte – Zeichensprache-Wortsprache – Körpersignale – Sprachliche Verständigungsformen	5
Miteinander reden	Unterschiedliche Gesprächshaltungen – Störungen der Kommunikation – Unterschiedliche Sprachebenen – Begriffserklärungen – Sprachliche Beschönigung – Ironie in Gesprächen – Rechtschreiben: Mittelwörter	7
Situationsbezogenes Sprechen	Wahl der „Sprache" – Vielfalt der deutschen Sprache – Wechsel der Sprachebenen – Angemessenheit der Sprachebenen – Jargon-Ausdrücke – Bildhafte Wendungen – Fachsprache – Freundlichkeit in Sprechsituationen	11
Einander schreiben	Kurznotizen im Alltag – Gratulieren – Einladen zur Party – Absagen – Anrede und Schluss in persönlichen Schreiben – Straßennamen – Anredefürwörter	15
Abkürzungen – Erleichterung oder Erschwerung der Verständigung?	Inserate – Offizielle Abkürzungen – Der Punkt bei Abkürzungen	21
Standardisierte Kommunikation – das Formular	Antrag für BahnCard – Anmeldung bei der Meldebehörde	23
Einen Vorfall objektiv darstellen – der Bericht	Erfassen des Sachverhaltes bei einem Verkehrsunfall – Zeitform des Berichts – Sachlichkeit – W-Fragen – Merkmale des Berichts – Ausfüllen eines Formulars – Schriftlicher Bericht – Formen des Zeitworts – Kommasetzung (Überblick)	25
Einen Vorgang beschreiben 1: Geld abheben mit der Geldkarte	Ordnen von Einzelschritten – Flüssiger Ausdruck – Abwechslung im Ausdruck – Mündlicher Ausdruck – Fachbegriffe – Merkmale der Vorgangsbeschreibung – Schriftliches Beschreiben – Beschreibung aus dem Berufsalltag – Tat- und Leidform – Fremdwörter: -ieren	29
Einen Vorgang beschreiben 2: Anleitung für einen Arbeitsvorgang	Teilabschnitte begründen – Sprachliche Möglichkeiten der Begründung – Technische Fachausdrücke	33
Personen beschreiben	Textabsichten – Personenbeschreibung – Äußeres Erscheinungsbild einer Person – Wesen einer Person – Personen beobachten – Vergleich von Personenbeschreibungen – Typen - zeichnerisch aufgespießt – Rechtschreiben: Gedehnte Selbstlaute	35
Kommunikation unter Fachleuten – Fachsprachen	Verständigung auf unterschiedlichen Sprachebenen – Fachausdrücke aus Ihrem Beruf – Fachausdrücke aus dem Kunststoffbereich – Fachausdrücke aus der Kunst	41
Sprache der Wirtschaft	Fachausdrücke aus der Wirtschaft – Fremdwörter als Fachausdrücke – Definition – Umformulieren – Treffender Ausdruck – Wortfamilien: produk-, konkurr-	43
Informationen aus Nachschlagwerken entnehmen	Fremdwörter – Alphabet – Nachschlagen – Ordnung innerhalb eines Buchstabens – Einfache Begriffsbestimmung	45
Einem Text Informationen entnehmen 1: Erste Hilfe bei Verbrennungen	Lesen mit dem Bleistift (1. Methode) – Kernaussagen formulieren (2. Methode) – Fragen an den Text (3. Methode) – Mündlicher Ausdruck	47

Inhaltsverzeichnis

Thema	Einzelaufgaben	Seite
Einem Text Informationen entnehmen 2: Alkohol – eine harmlose Droge?	Unterstreichen – Kernaussagen formulieren – Kurzreferat	49
Argumentieren – Pro und kontra 1: Soziales Jahr für junge Frauen?	Gliedern – Argumente in Stichworten – Persönliche Stellungnahme – Kurzreferat – Verbindung von Gedanken – Verkürzte Nebensätze – Rechtschreiben z–tz und k–ck	51
Argumentieren – Pro und kontra 2: Im Urlaub ins Ausland?	Argumente sammeln und formulieren – Kurzreferat – Sprachlicher Ausdruck – „als" oder „wie"? – Rechtschreiben: der s-Laut	55
Diskussion: Anstand – ein Auslaufmodell?	Sprechanlass – Sprecher – Diskutieren: Anstand – Regeln beim Diskutieren – Rechtschreiben: Großschreibung von Zeitwörtern (Verben)	57
Reparaturauftrag: Zeichensetzung	Das Komma bei Haupt- und Nebensätzen – Zeichen bei der wörtlichen Rede	59
Fabel	Eigenschaften der Sprechenden – Absichten des Fabeldichters – Eigenschaften und Tiere – Diskussion – Aus der Fabel lernen	61
Anekdote 1 (J.P. Hebel)	Arbeit am Text – Gliedern – Nacherzählen – Arbeit am Text – Absicht des Anekdotenschreibers	63
Anekdote 2 (J. Gotthelf)	Arbeit am Text – Ironie – Gliederung – Wortfelder: reich – arm – schlau – dumm – Treffendes Wort	65
Kurzgeschichte 1 (E. Hemingway)	Die äußeren Gegebenheiten der Geschichte – Die Personen – Die Brücke als Sinnbild – Sprachliche Mittel – Merkmale der Kurzgeschichte	67
Kurzgeschichte 2 (H. Böll)	Das äußere Geschehen – Die innere Einstellung der Personen – Anekdote oder Kurzgeschichte? – Wortfeldübung	71
Erzählung (J.J. Höck)	Personen in der Erzählung – Aufbau der Erzählung – Innere Spannungsbezüge – „Temperatur" zwischenmenschlicher Beziehungen	75
Der Arbeiter im Gedicht	Sachklärung – Arbeit am Text – Arbeit am Text – Persönliche Stellungnahme – Gedichtvortrag	79

Sich verständlich machen

1 Verständigung ohne Worte

Kein Wort ist gefallen. Der Richter brummte der Autofahrerin jedoch 1000 Euro Strafe auf.

Übertragen Sie das wortlose Zeichen in Worte.

_____
_____
_____

2 Zeichensprache-Wortsprache

Die Verständigung zwischen uns Menschen kann über eine „Zeichensprache" (z. B. Gesten, Piktogramme) oder die gesprochene/geschriebene Sprache erfolgen.

Setzen Sie die folgenden Zeichen in Worte um.

_____   _____   _____
_____   _____   _____
_____   _____   _____

_____   _____   _____
_____   _____   _____

Sich verständlich machen

3 Körpersignale

Wir Menschen können mit unserem Körper unseren Mitmenschen wortlos etwas mitteilen. Dabei spielen Augen und Hände eine besondere Rolle.

3.1 Was teilt Ihnen Ihr Gegenüber mit den folgenden Körpersignalen mit?

Signal	Bedeutung
a) Eine/-r zwinkert Ihnen in der Disco zu.	_____
b) Auf Ihren Vorschlag hin reagiert Ihr Gegenüber mit zusammengekniffenen Augen.	_____
c) Bei Ihrem Eintreten reißt jemand die Augen weit auf.	_____

3.2 Welche Handbewegung bzw. -haltung benutzen Sie, wenn Sie Ihrem Gegenüber Folgendes mitteilen?

Signal	Bedeutung
_____	a) Ich warne dich.
_____	b) Was du sagst, ist Quatsch.
_____	c) Dein Vorschlag ist Spitze.

3.3 Suchen Sie Körpersignale, mit denen Sie im Unterricht oder im Betrieb anzeigen:

Zustimmung	Skepsis	Desinteresse

4 Sprachliche Verständigungsformen

Die nichtsprachliche Verständigung kann für sich allein stattfinden. In der Regel geht sie jedoch einher mit der sprachlichen Verständigung. Diese war ursprünglich nur mündlich möglich. Mit der Erfindung der Schrift gab es auch eine schriftliche Verständigung. Die moderne Technik vor allem Ende des 20. Jahrhunderts hat sowohl mündliche wie schriftliche Verständigung (Kommunikation) in ungeheurem Maß erweitert. Man nennt unsere Zeit deshalb oft das „Kommunikationszeitalter".

Suchen Sie althergebrachte mündliche Formen	althergebrachte schriftliche Formen	moderne mündliche Formen	moderne schriftliche Formen

Lothar Beckmann
Auszubildende Stifte

SOHN: *Papa, Charly hat gesagt, Charlys Vater hat gesagt, dass Lehrlinge in seinem Betrieb nicht mehr zum Bierholen geschickt werden dürfen.*

VATER: Hoffentlich hält sich Charlys Vater auch daran – übrigens heißt das seit Jahren nicht mehr Lehrling, sondern Auszubildende.

SOHN: *Weiß ich, hat Charlys Vater auch gesagt, aber er findet das Quatsch. Papa, warum heißt das denn jetzt Ausbildende?*

VATER: Das heißt nicht Ausbildende, das heißt Auszubildende, Ausbildende sind die, die ausbilden – und Auszubildende sind die, die ausgebildet werden.

SOHN: *Und warum heißt das nun Auszubildender und nicht mehr wie früher Lehrling?*

VATER: Weil das eben so ist – weil… weil eben der Auszubildende ausgebildet werden soll und der Bierling, äh … Lehrling Bier holen musste.

SOHN: *Bierling – ha, ha – ja wenn der Bierling geheißen hätte, dann hätte ich das eingesehen, aber so …*

VATER: Übrigens, ich denke, du machst da Schularbeiten, du solltest lieber an deine Ausbildung denken.

SOHN: *Das ist auch Bildung, Allgemeinbildung, wenn ich mit dir über so etwas spreche. Unser Lehrer hat gesagt, man soll sich keine Gelegenheit entgehen lassen, seinen Eltern Löcher in den Bauch zu fragen.*

VATER: Da müsste mein Bauch schon ein Sieb sein.

SOHN: *… oder jedenfalls mit ihnen diskutieren. Und da kann ich nur noch mal sagen, dass ich Lehrling besser finde, kürzer, nicht so umständlich …*

VATER: Also pass mal auf, da gibt es seit einigen Jahren ein Gesetz, ein Berufsbildungsgesetz mit strengeren Bestimmungen als früher. Das besagt im Wesentlichen, dass Lehrlinge nicht mehr von ihrem Lehrmeister ausgenutzt oder ausgebeutet werden sollen, sondern sie sollen nur noch ausgebildet werden. Und damit jeder darauf aufmerksam gemacht wird, dass etwas anders geworden ist – verstehst du –, deshalb hat man für Lehrling das Wort Auszubildender erfunden.

SOHN: *Ist das auch der Grund, warum man nicht mehr Putzfrau sagt, sondern Raumpflegerin?*

VATER: Genau … jedenfalls so ähnlich … haben wir denn gar nichts mehr zu trinken im Hause …?

SOHN: *Papa, bist du auch Ausbildender …?*

VATER: … da muss doch wohl noch eine Flasche sein … also ich bin kein Ausbildender, weil das nur Firmen … oder Behörden sein können, ich bin Ausbilder oder Ausbildungsbeauftragter …

SOHN: *Charlys Vater hat gesagt, dass das sowieso alles Blödsinn ist, die lernen heute weniger als früher …*

VATER: Typisch, vielleicht ist das bei Charlys Vater so, das scheint mir überhaupt ein ziemlich merkwürdiger Betrieb zu sein. Denen müsste man mal die Gewerbeaufsicht auf den Hals schicken. In meiner Abteilung jedenfalls, da müssen die Auszubildenden ganz schön ran und Bier holen braucht da sowieso keiner, weil bei uns während der Arbeitszeit kein Bier getrunken wird …

SOHN: *Ha, ha, und warum standen bei euch vorgestern so viele Flaschen auf dem Schreibtisch …?*

VATER: Das war was ganz Besonderes, Jubiläum, und wann kommt so was schon mal vor …

SOHN: *Und wer hat die Getränke geholt …?*

VATER: Ich habe jetzt mit dir genug diskutiert, mach jetzt endlich deine Schulaufgaben fertig, das heißt … warte mal … hol mir eben noch mal zwei Flaschen Bier von der Ecke …

SOHN: *Eben hast du gesagt, ich soll Schularbeiten machen, Mensch …*

VATER: Deswegen kannst du doch vorher noch kurz mal ein paar Flaschen Bier holen!

SOHN: *Papa, gibt es in der Familie eigentlich auch Lehrlinge?*

Miteinander reden

1 Unterschiedliche Gesprächshaltungen

1.1 Lesen Sie das Zwiegespräch mit verteilten Rollen.

1.2 In dem Zwiegespräch tauschen zwei Gesprächspartner Gedanken aus. Es findet mündliche Kommunikation statt. Bei diesem Vorgang nehmen Vater und Sohn ständig wechselnde Gesprächshaltungen ein.

An welchen Stellen wird

gefragt?	z. B. Zeile _____		gewertet?	z. B. Zeile _____
erklärt?	z. B. Zeile _____		ermahnt?	z. B. Zeile _____
berichtet?	z. B. Zeile _____		befohlen?	z. B. Zeile _____

2 Störungen der Kommunikation

2.1 Der Vater versucht in dem Gespräch mehrmals, sich den Fragen des Sohnes zu entziehen. Ein solches „Abweichen vom Thema" stört ein Gespräch.
Unterstreichen Sie diese Stellen.

2.2 Neben der Abschweifung gibt es noch weitere Störungen von Gesprächen.
Nennen Sie einige.

_____

_____

_____

3 Unterschiedliche Sprachebenen

> Aus dem Berufsbildungsgesetz (§ 6 Abs. 2):
> „Dem Auszubildenden dürfen nur Verrichtungen übertragen werden, die dem Ausbildungszweck dienen und seinen körperlichen Kräften angemessen sind."

In welchen Zeilen des Textes S. 7 wird dieser Gesetzestext umgangssprachlich ausgedrückt?

_____

4 Begriffserklärungen

Erklären Sie in eigenen Worten.

a) Der/die Auszubildende ist _____

b) Der/die Ausbildende ist _____

c) Der/die Ausbilder/-in ist _____

5 Sprachliche Beschönigung

Der Sohn weist (in Zeile 25) auf eine häufig zu beobachtende sprachliche Erscheinung hin, die sprachliche Beschönigung. Dabei wird ein „besseres" Wort für einen lästigen oder weniger angenehmen Sachverhalt erfunden.

8

Miteinander reden

5.1 Nennen Sie die heute gebrauchte Beschönigung bzw. das ursprünglich gebrauchte Wort.

	ursprünglich gebraucht	beschönigt
A	Putzfrau	
	Müllmann	
	_____	Verkaufsberater
	_____	Entbindungspflegerin
	_____	Repräsentant
	_____	Ökotrophologin
B	_____	im Adamskostüm
	_____	niederkommen
C	_____	Nullwachstum
	_____	Entsorgungspark
	_____	Arbeitskräfte freisetzen

5.2 Was sind die Gründe für die sprachlichen Beschönigungen

in Teil A der Tabelle? _____

in Teil B der Tabelle? _____

in Teil C der Tabelle? _____

6 Ironie in Gesprächen

Der Autor hat das Zwiegespräch mit „spitzer Feder" geschrieben. Man nennt solche Texte „Satiren" (Spottdichtungen).

6.1 Notieren Sie einige Zeilenzahlen, wo spöttisch-ironische „Spitzen" auftauchen.

_____

6.2 Neben den ironischen Spitzen wirken auch einige andere Elemente im Text erheiternd. Suchen Sie solche.

_____
_____
_____

6.3 Satiren gibt es auch im Fernsehen. Schreiben Sie einige solcher Sendungen aus dem Fernsehprogramm heraus.

_____
_____

6.4 Satirische Texte wollen das Fehlverhalten einzelner Personen oder Missstände in der Gesellschaft durch hintergründigen Humor entlarven.
Was soll damit beim Leser oder Hörer erreicht werden?

_____

Miteinander reden

7 Rechtschreiben: Mittelwörter (Partizipien)

7.1 Aus Zeitwörtern lassen sich die Mittelwörter der Gegenwart und der Vergangenheit bilden.

| ausbilden | ausbildend |
| | ausgebildet |

Diese Mittelwörter können einem Hauptwort beigefügt werden:
— der ausbildende Betrieb
— der ausgebildete Jugendliche

Sie können aber auch wie Hauptwörter benützt (= substantiviert) werden. Dann werden sie großgeschrieben:
— der Ausbildende
— der Ausgebildete

Schreiben Sie die entsprechenden Formen:

	Mittelwörter:	beigefügt:	substantiviert:
lernen			
fragen			
denken			

7.2 Bei der Steigerungsstufe muss man genau unterscheiden, ob es sich um ein Mittelwort (MW) auf **-end** oder ein Eigenschaftswort (EW) auf **-en** handelt, also ob **-endst** oder **-enst** das Wortende bilden.

	Mittelwörter	Eigenschaftswörter
Grundform	dring**end**e Besorgungen	entschied**en**e Widersprüche
2. Steigerungsform	dring**endst**e Besorgungen	entschied**enst**e Widersprüche

Arbeiten Sie entsprechend mit folgenden Wörtern:

verrufen • reizen • bescheiden • auffallen • erheben • entlegen

	Mittelwörter	Eigenschaftswörter
Grundform		
2. Steigerungsform		

Situationsbezogenes Sprechen

Wenn Deutsche miteinander sprechen, verfügen die meisten über eine gewisse „Mehrsprachigkeit".
Ein Vormittag der Sarah H., Bankkauffrau, 19 und „mehrsprachig":

A	7:10 Uhr: am Frühstückstisch zu Hause

Sarah: Papa, gibst mir moi an Butta, bitte?
Vater: Do. Is iatz des Erdbeer-Marmalad vo uns? Des schmeckt fei guat, du.
Sarah: Na, des is des letzte Glasl vo da Tante Burgl. De duat an Rhabarba eini.
Vater: Ja mei, vo da Burgl nacha. Ja freili, des Schildl hot ja a sie gschriem, do.

B	8:20 Uhr: im Büro des Abteilungsleiters Hornung

Sarah: Wie, meinen Sie, entwickelt sich der Trend bei den Aktien?
Hornung: Ich glaube auf lange Sicht an eine Aufwärtsbewegung. Zwar hatte der Markt gestern leichter eröffnet, doch lag der DAX am Ende bei 7530 Punkten, also mit 11 Punkten über dem Vortag.
Sarah: Im Bereich der Standardwerte überwogen Kursgewinne bis zu 3%.
Hornung: Ja. Auch der Rentenmarkt verläuft recht freundlich.

C	9:30 Uhr: am Schalter/ihrem Arbeitsplatz

Sarah: Morg'n, Frau Busch. Was kann ich für Sie tun?
Busch: Ich hab´ da drei Überweisungen.
Sarah: Schauen S', da fehlt noch die Unterschrift und das Datum.
Busch: Pfeilg'rad, ganz übersehen.
Sarah: Halt auch immer in Eile, gelt Frau Busch?

D	10:05 Uhr: am Telefon

Frey: Ihre Bank hat mir unverschämt hohe Schuldzinsen berechnet. Da spiele ich nicht mit.
Sarah: Herr Frey, Sie haben Ihr Konto mit 4.100 Euro überzogen, ohne sich vorher mit uns abgesprochen zu haben. Für solche Überziehungen gelten die Bestimmungen der Geschäftsbedingungen.
Frey: Und was sagen diese?
Sarah: Nun, wenn ein Kunde ohne vorherige Vereinbarung einen Kredit in Anspruch nimmt, so hat er für diese Überziehungen Zinsen in der Höhe zu zahlen, die im Preisaushang in unserer Schalterhalle ausgewiesen sind. Diese Geschäftsbedingungen, Herr Frey, haben Sie unterschrieben.

E	12:05 Uhr: in der Kantine

Sarah: Wow, Nadine, dein Rock ist voll der Hammer – absolut geil!
Nadine: Find' ihn auch stylisch. So'ne Tussi bei Dosch wollt' mir zuerst so'n Spießer-Kleid andrehen: in hellrosa, voll öde.
Sarah: Zu Dosch kannste echt nicht gehen, die Verkäuferinnen sind total ätzend.
Nadine: Kennste die große Blonde – die hältst du nicht aus, die ist sowas von nervig.
Sarah: Aber echt.

1 Wahl der „Sprache"

Die Wahl der jeweiligen „Sprache" Sarahs hängt von zwei Bedingungen ab:

1. _____ 2. _____

Situationsbezogenes Sprechen

2 Vielfalt der deutschen Sprache

Die unterschiedlichen Ausformungen der gesprochenen deutschen Sprache werden Sprachebenen genannt.

Die wichtigsten Sprachebenen sind:
— die Hochsprache (Standardsprache)
— die Umgangssprache
— die Fachsprachen
— die Gruppenjargons (Sprachen verschiedener sozialer Gruppen)
— die Mundarten (Dialekte)

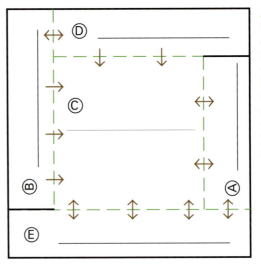

_ _ _: Zuweilen ist keine klare Abgrenzung möglich;
→: In dieser Richtung findet ein Austausch zwischen den verschiedenen Sprachebenen statt.

2.1 Ordnen Sie den Gesprächsbeispielen A–E auf Seite 11 die entsprechende Bezeichnung der Sprachebene zu und tragen Sie diese an der richtigen Stelle der Skizze ein.

2.2 Welche Wörter bzw. Aussagen in den Dialogen sind Ihnen unklar geblieben? Unterstreichen Sie diese.

2.3 Welche Wendungen bei C sind — gemessen mit dem Maßstab der Hochsprache — „falsch"? Verbessern Sie diese „Verstöße" gegen die Hochsprache schriftlich.

_____
_____
_____

2.4 Bei dem Mundart-Beispiel A handelt es sich um Bairisch.
— Nennen Sie einige Merkmale dieser Mundart.

_____
_____
_____

— Übertragen Sie A mündlich in den Dialekt Ihrer Gegend.

3 Wechsel der Sprachebenen

Es ist ein Zeichen sprachlichen Reichtums und sprachlicher Wendigkeit, wenn jemand — wie Sarah — von einer Sprachebene in die andere wechseln kann, wie es gerade zu einer bestimmten Situation oder zum Gesprächspartner passt.

Setzen Sie die Aussagen Sarahs bei A und E in die Hochsprache um.

A _____
_____
_____

E _____
_____
_____

12

Situationsbezogenes Sprechen

4 Angemessenheit der Sprachebenen

Welche der Sprachebenen scheint Ihnen passend bei folgenden Situationen? Tragen Sie den Anfangsbuchstaben der richtigen Sprachebene in die Kreise ein.

- ○ Eine Rundfunksprecherin verliest die Tagesnachrichten.
- ○ Zwei Motorrad-Freaks fachsimpeln über ein neues Modell.
- ○ Eine 17-Jährige schwärmt gegenüber gleichaltrigen Freundinnen vom letzten Disco-Abend.
- ○ Ein Auszubildender schreibt einen Arbeitsbericht.
- ○ Drei Allgäuer Bauern politisieren am Stammtisch.
- ○/○ Ein Ausbilder erklärt die Bedienung einer neuen Maschine.
- ○/○ Ein Lehrer führt in die Anwendung eines Textverarbeitungsprogrammes ein.

5 Jargon-Ausdrücke

Suchen Sie möglichst viele Jargon-Ausdrücke für „Geld".

6 Bildhafte Wendungen

Aus verschiedenen Fachbereichen sind bildhafte Wendungen in die Umgangssprache eingedrungen. Dabei wird die ursprüngliche Bedeutung im übertragenen Sinn auf bestimmte Sachverhalte angewandt. Hier einige Beispiele aus Technik und Handwerk.

So sagt man:	Das ist gemeint:
Du störst am laufenden Band.	
Wir beide sind nicht auf der gleichen Wellenlänge.	
Bei ihm ist eine Schraube locker.	
Auf die Beschuldigung hin ist sie ausgerastet.	
Für ihn ist der Zug endgültig abgefahren.	
Das Spiel läuft wie geschmiert.	
Ihr Referat ist bis ins Kleinste ausgefeilt.	
Der Drahtzieher ist ein ganz anderer.	
Das geht auf keine Kuhhaut.	

Situationsbezogenes Sprechen

So sagt man:	Das ist gemeint:
Wir machen Nägel mit Köpfen.	
Da ist Hopfen und Malz verloren.	
Das schlägt dem Fass den Boden aus.	
Wo man hobelt, fallen Späne.	

7 Fachsprache

Aus den zahlreichen Fachsprachen ist bei B auf S. 11 die Fachsprache des Bankwesens beispielhaft aufgeführt. Klären Sie folgende Fachwörter mithilfe eines Lexikons.

Trend =	
Aktie =	
Markt =	
leicht =	
DAX =	
Standardwerte =	
Kursgewinn =	
Rentenmarkt =	
freundlich =	

8 Freundlichkeit in Sprechsituationen

Viele Gesprächssituationen, auch heikle, können durch zwei „Zauberwörter" freundlicher gestaltet werden. Wie lauten freundliche Formulierungen in folgenden Situationen?

a) Aufforderung des Bankangestellten an den Kunden, das Geld nachzuzählen

_____

b) Frage nach dem Ende der Anmeldefrist

_____

c) Aufforderung, die Pfeffermühle herüberzureichen

_____

d) Entgegennahme der erbetenen Pfeffermühle

_____

bitte

danke

Einander schreiben

1 Kurznotizen im Alltag

1.1 Sie sind allein zu Hause. Die Freundin Ihrer Mutter fragt telefonisch an, ob Ihre Mutter heute Abend mit zum Turnen geht. Da Sie vor der Rückkunft Ihrer Mutter aus dem Hause gehen, hinterlassen Sie ihr eine kurze schriftliche Nachricht.

1.2 Ihre Freundin hat morgen Prüfung. Sie legen ihr auf ihren Platz eine aufmunternde Notiz.

1.3 Sie haben in Ihrem Betrieb Telefondienst. Sie empfangen u. a. folgenden Anruf:

Fa. Zettl, Dornstadt, Geiger, guten Tag. Sie haben bei uns am 16. Mai 600 Hartgummidichtungen Z 418 bestellt und wir haben Ihnen die Lieferung für morgen, den 23. 6., zugesagt. Bei uns ist gestern eine Presse ausgefallen, dadurch wird sich die Lieferung um 2 Tage verzögern.

Gesprächsnotiz:
gesprochen mit:

Aufgenommen:

Einander schreiben

2 Gratulieren

Zum Geburtstag gratulieren – das wird heute fast immer telefonisch erledigt.
Bei manchen Anlässen kommt man ums Schreiben jedoch nicht herum.
Claudia und Andy, frisch verheiratet, gehen ihre Hochzeitspost durch:

16

Einander schreiben

2.1 Nicht alle Glückwunschkarten lösen bei Claudia und Andy ungeteilte Freude aus. Beurteilen Sie stichwortartig die einzelnen Karten.

Karte	Beurteilung
a	+ –
b	+ –
c	+ –
d	+ –
e	+ –

2.2 Wie würde Ihre Glückwunschkarte zur Hochzeit Ihrer Freunde aussehen?

2.3 Viele Leute haben Hemmungen vor dem Schreiben, selbst wenn es nur darum geht, Glückwünsche zu übermitteln. Suchen Sie einige Gründe für diese „Schreibangst".

a)

b)

c)

Einander schreiben

3 Einladen zur Party

Eine Klassenfete soll steigen. Sollen wir die Lehrer/-innen auch einladen? Warum nicht?
Schreiben Sie eine pfiffige Einladung an Ihre Lehrerinnen und Lehrer.

4 Absagen

Ihre Oma hat Sie und die ganze Verwandtschaft zur Feier Ihres 80. eingeladen. Leider können Sie aus einem wichtigen Grund nicht kommen. Weil Ihre Oma schlecht hört, lebt sie ohne Telefon. Schreiben Sie ihr eine freundliche, begründete Absage.

Einander schreiben

5 Anrede und Schluss in persönlichen Schreiben

Liebe Claudia und Andy!   *Hey, Herr Bürgermeister,*

5.1 Verbessern Sie die falschen Anreden.

5.2 Nicht alle Anreden in Schreiben sind richtig und geglückt. Welche verwenden Sie, wenn Sie schreiben an

	Anrede	Schluss
Ihre Eltern		
Ihre Schwester		
Onkel und Tante		
Ehepaar Berger (Nachbarn)		
Ihren Freund/ Ihre Freundin		
Schulleitung		
Agentur für Arbeit		

6 Straßennamen

6.1 Straßennamen werden oft falsch geschrieben. Selbst der Schreibung offizieller Straßenschilder kann man nicht trauen. Nur zwei der folgenden Straßenschilder sind richtig geschrieben. Streichen Sie die falschen durch. (Neues Rechtschreibwörterbuch verwenden!)

6.2 Bilden Sie aus den folgenden Wortgruppen Straßennamen und ordnen Sie diese in das Rechtschreibschema auf S. 20 ein.

Stuttgart, Straße • Mozart, Ring • Albrecht Dürer, Platz • Erfurt, Platz • Goethe, Straße • Adenauer, Allee • weit, Gasse • Eduard Mörike, Ring • unter, die Linden • Ulm, Straße • Schlehdorn, Weg • Luther, Platz • Martin Luther, Platz • Kurfürst, Damm • Lang, Graben • Essen, Chaussee • hinter, alt, die Gärten • Geschwister Scholl, Platz • Jena, Weg • Professor Huber, Straße • groß, Freiheit

19

Einander schreiben

Rathausgasse	Max-Plank-Straße	Dresdener Straße	Langer Weg Auf der Bleiche
_____	_____	_____	_____
_____	_____	_____	_____
_____	_____	_____	_____
_____	_____	_____	_____
_____	_____	_____	_____

6.3 Stellen Sie mündlich anhand der Tabelle die Rechtschreibregeln auf, nach denen die Schreibung der Straßennamen erfolgt.

7 Anredefürwörter

▶ Die Höflichkeitsanrede „Sie", das entsprechende besitzanzeigende Fürwort „Ihr" und die davon abgeleiteten Formen werden großgeschrieben. Dagegen können „du", „dein" und die davon abgeleiteten Formen groß- oder kleingeschrieben werden.

Setzen Sie im folgenden Text die entsprechenden Fürwörter ein und achten Sie dabei auf die Groß- und Kleinschreibung. (Beachten Sie dabei, dass Sie im Text manchmal persönlich angesprochen werden.)

Manche Leute wollen keine Karten oder Briefe schreiben, weil _____ Angst davor haben, Rechtschreibfehler zu machen; vor allem ist _____ unklar, wann _____ die Fürwörter „sie" und „ihr" großschreiben müssen. Vielleicht sind _____, liebe Schülerinnen und Schüler, in diesem Punkt auch nicht ganz sicher. Prägen _____ sich nur die folgende Erklärung ein, dann dürften _____ keine Fehler mehr unterlaufen: Wenn _____ in einem Schreiben jemanden mit _____ anreden, schreiben _____ alle Fürwörter, die sich auf die angeredete Person beziehen, groß.

An den folgenden Sätzen, die aus Briefen stammen, können _____ _____ rechtschriftliche Sicherheit überprüfen:

a) Sehr geehrte Frau Lay, ich danke _____ für _____ Bücher, die _____ mir geschickt haben. Ich bin überzeugt, dass _____ mir bei meinen Prüfungsvorbereitungen gute Dienste leisten werden.

b) Sehr geehrter Herr Tendler, ich fordere _____ auf, _____ Schulden endlich zu begleichen. Völlig unbeeindruckt lassen mich _____ Ausreden; ich habe _____ schon das letzte Mal von _____ gehört.

c) Hallo Reiner, _____ wirst verstehen, dass ich nach den letzten Vorfällen mit _____ Schluss mache. Selbstverständlich schicke ich _____ _____ Fotos zurück, weil _____ mir nichts mehr bedeuten.

Abkürzungen – Erleichterung oder Erschwerung der Verständigung?

1 Inserate

1.1 Was wird in den Zeitungsinseraten mitgeteilt? Wandeln Sie die Mitteilungen in vollständige Sätze um.

1.2 Was ist der Grund für die verstümmelte Sprache?

1.3 Bei Anzeigen auf dem Automarkt haben sich u. a. folgende Abkürzungen eingebürgert. Was bedeuten diese?

Da.-Fahrr. m.7-G-Sch., km-Z., schw.-pink, 10 Mon. alt, VB € 100 Tel. 0532/4488

Gutauss. Typ, 22 J./176, schl., sportl. su. blo. Sie zw. 17 u. 20 f. Discoab., Spazierf. im GT, Jogg. u. z. Reden. Raum Schlesw.-Hol. oder HH bev. Zuschr. u. Chiffre 19273

ABS = _____

ATM = _____

Aluf. = _____

BR = _____

e. FH = _____

EZ = _____

JW = _____

NS = _____

RC = _____

SSD = _____

2 Offizielle Abkürzungen

Wer eine Zeitungsanzeige aufgibt, fragt nicht danach, ob es nach offiziellem (= festgelegtem) Sprachgebrauch gestattet ist, eigene Abkürzungen zu verwenden. Für ihn ist nur wichtig, dass seine Abkürzung noch verstanden werden kann. Es gibt jedoch auch offizielle Abkürzungen in der deutschen Sprache.

Was bedeuten die einzelnen Abkürzungen? (Ihnen unbekannte Abkürzungen können Sie im Duden oder in einem Lexikon nachschlagen).

Abkürzungen allgemeiner Art	Sachabkürzungen
Minister a. D. =	BGB =
bes. =	StGB =
Betr.; betr. =	DB =
d. h. =	CDU =
bis zum 25. d. M. =	Dipl.-Ing. =
	DRK =
ehem. =	ev. =
einschl. =	GG =
evtl. =	GmbH =
S. 48 f.; S. 48 ff. =	
	Hbf. =
ggf. =	röm.-kath., r.-k. =
i. A. =	SPD =
i. V. =	
lt. Anordnung =	Kfz =

Abkürzungen – Erleichterung oder Erschwerung der Verständigung?

Abkürzungen allgemeiner Art	Sachabkürzungen
m. E. =	KtoNr. =
mtl. =	MdB =
313 n. Chr. =	NRW =
sog. =	Pkw (PKW) =
s. o. =	PR =
u. a. =	SOS =
usw. =	stud. med. =
399 v. Chr. =	StVO =
vgl. S. 142 =	FH =
z. B. =	TV =
z. H. =	523 m ü. d. M. =
z. T. =	UKW =
z. Z. =	VHS =

3 Der Punkt bei Abkürzungen

Die Abkürzungen in der Tabelle von Aufgabe 2 unterscheiden sich in der Zeichensetzung. Der Duden gibt zwei Arten der Schreibung von Abkürzungen an:

Schreibweise mit Punkt	Schreibweise ohne Punkt
Beispiele: z. B. (gesprochen: zum Beispiel) usw. (gesprochen: und so weiter) vgl. (gesprochen: vergleiche)	Beispiele: TÜV (gesprochen: tüf) DGB (gesprochen: de ge be) GmbH (gesprochen: ge em be ha)
Nach Abkürzungen, bei denen statt der Abkürzung der volle Wortlaut gesprochen wird, steht ein Punkt.	**Nach Abkürzungen, die auch als solche gesprochen werden, steht kein Punkt.** Nach Abkürzungen von Maßen, Gewichten, Einheiten in Naturwissenschaften, der meisten Währungseinheiten steht ebenfalls kein Punkt, gleichgültig, wie sie gesprochen werden. Beispiele: kg, mm, CO_2

Wie werden demnach folgende Wörter abgekürzt?

besonders		Kommanditgesellschaft	
Kubikzentimeter		Lastkraftwagen	
Diplom-Ingenieur		Newton	
Doktor		96 Pferdestärken	
geboren		siehe unten	

▶ In persönlichen Schreiben, bei Adressen auf Briefumschlägen sollte man aus Höflichkeit auf Abkürzungen verzichten.

Also nicht: Fam., Hr., Fr. **sondern:** _____

Standardisierte Kommunikation — das Formular

1 Antrag für BahnCard

1.1 Sie wollen in den Urlaub und auch das Jahr über öfter mit der Bahn fahren. Das schont die Nerven und man bleibt nicht im Stau stecken. Um billiger wegzukommen, wollen Sie sich eine BahnCard besorgen. Dazu holen Sie sich am Verkaufsschalter eines Bahnhofs ein Antragsformular. Füllen Sie dieses aus.

Ihr BahnCard 25-/BahnCard 50-Abo

Die Bahn

1 Persönliche Angaben zu Ihrer neuen BahnCard

Bitte mit blauem oder schwarzem Kugelschreiber in Großbuchstaben ausfüllen.

Gültigkeitsbeginn
(TT/MM/JJ)

Maximal 3 Monate nach Bestelldatum

*Die ermäßigte BahnCard 50 erhalten folgende Personen:
- Ab 60 Jahre
- Erwerbsunfähigkeitsrentner, Schwerbehinderte (Grad der Behinderung mind. 70%)
- Von 6 bis einschl. 17 Jahren und Auszubildende/Schüler/Studenten bis einschl. 26 Jahre

BahnCard 25
1. Klasse
 BahnCard 25 First € 106,-
2. Klasse
 BahnCard 25 € 53,-

BahnCard 50
1. Klasse
 BahnCard 50 First € 424,-
 BahnCard 50 First ermäßigt € 212,-*
2. Klasse
 BahnCard 50 € 212,-
 BahnCard 50 ermäßigt € 106,-*

Nummer Ihrer bisherigen BahnCard (falls vorhanden)
7 0 8 1 4

Geburtsdatum (TT/MM/JJJJ)   Frau Herr Titel

Vorname   Name

Straße   Hausnummer

PLZ   Wohnort

Staat   Rufnummer tagsüber für Rückfragen (Vorwahl/Rufnummer)   Adresszusatz
        /

E-Mail

Ich stimme zu, dass meine personenbezogenen Daten durch die DB Fernverkehr AG für Kundenbindungs- und Kundenbetreuungszwecke (interessante Neuigkeiten rund um die BahnCard, Bahnangebote) verarbeitet und genutzt werden. Die Daten werden nicht an Dritte weitergegeben.

Ja, ich möchte zukünftig per E-Mail über aktuelle Punkte-Aktionen und neue Prämien informiert werden. Für diese Zustimmung und die Angabe meiner E-Mail-Adresse erhalte ich 250 bahn.bonus-Punkte.

2 Ihre Bankverbindung

Lastschrift-Einzugsermächtigung
Ich ermächtige die DB Fernverkehr AG, BahnCard-Service, 60643 Frankfurt am Main, widerruflich - bei abweichendem Kontoinhaber in dessen Namen -, für die von mir bestellte BahnCard das entsprechende Entgelt von untenstehendem Konto einzuziehen.

Kontonummer   Bankleitzahl

Hinweis: Der Einzug der Jahresgebühr erfolgt zum 1. Geltungstag der neuen Karte. Sollte Ihre Lastschrift-Einzugsermächtigung nicht vorliegen, erhalten Sie mit Zusendung der Karte eine Rechnung, die bis zum Gültigkeitsbeginn der Karte zu begleichen ist.

3 Ihre Unterschrift

Ich versichere, dass obige Angaben richtig sind. Mit den Beförderungsbedingungen der DB AG (Gesamtausgabe) erkläre ich mich einverstanden. Der Vertrag kommt mit der DB Fernverkehr AG zustande.
Ihre BahnCard verlängert sich zukünftig automatisch um ein weiteres Jahr, es sei denn, Sie kündigen schriftlich bis spätestens 6 Wochen vor Laufzeitende bei der DB Fernverkehr AG, BahnCard-Service, 60643 Frankfurt am Main. Ihre neue BahnCard erhalten Sie jeweils ca. 3 Wochen vor Ablauf der alten Karte zugeschickt.

Datum   Unterschrift Hauptkarteninhaber bzw. Erziehungsberechtigter
    X

1.2 Haben Sie alles verstanden?

1. Was bedeutet BahnCard 50? _____

2. Wie lange gilt die BahnCard? _____

3. Für welche Bahncard gibt es eine Ermäßigung? Haben Sie Anspruch darauf?

4. Wie können Sie die BahnCard bezahlen?

5. Was müssen Sie tun, wenn Sie keine neue BahnCard wollen?

Standardisierte Kommunikation – das Formular

2 Anmeldung bei der Meldebehörde

Nach Abschluss Ihrer Berufsausbildung wird Ihnen von einem Betrieb in Bochum ein attraktiver Arbeitsplatz angeboten. Sie ziehen nach Bochum um (Hauptwohnung). Bei Ihrer Anmeldung im Bürgerbüro Bochum erhalten Sie das folgende Formular.

Tagesstempel der Meldebehörde | Bitte die stark umrandete Fläche nicht beschriften! | **Anmeldung bei der Meldebehörde** (Bitte Hinweise und Erläuterungen beachten) | ☐ Hauptwohnung ☐ Nebenwohnung

Neue Wohnung
- Gemeindekennzahl: **05.911.000**
- Tag des Einzugs:
- Postleitzahl, Gemeinde: **Bochum**
- Straße, Haus-Nr.:

Bisherige Wohnung
- Gemeindekennzahl:
- Tag des Auszugs:
- Postleitzahl, Gemeinde:
- Straße, Haus-Nr.:
- (PLZ, Gemeinde, Kreis, Land (falls vom Ausland: Staat), Straße, Hausnummer, Adressierzusätze)

Wird die bisherige Wohnung beibehalten? (Wenn **ja**, bitte **Beiblatt** ausfüllen!) ☐ ja ☐ nein
Haben die unten aufgeführten Personen noch weitere Wohnungen? (Wenn **ja**, bitte **Beiblatt** ausfüllen!) ☐ ja ☐ nein

Person 1
- Familienname/Doktorgrad
- Geburtsname
- Vornamen (Rufname unterstreichen) ☐ männl. ☐ weibl.
- Geburtsdatum/Geburtsort
- Familienstand: ☐ ledig ☐ verheiratet ☐ verwitwet ☐ geschieden
- Religionsgesellschaft
- Staatsangehörigkeiten (bitte alle angeben)
- Ausstellungsdatum und -behörde des Reisepasses
- gültig bis:
- Ausstellungsdatum und -behörde des Personalausweises
- gültig bis:
- erwerbstätig: ☐ ja ☐ nein
- dauernd getrenntlebend: ☐ ja ☐ nein; seit _____
- Lohnsteuerklasse: ___ Anzahl weiterer Lohnsteuerkarten: ___

Person 2
- (gleiche Felder wie Person 1)

Für Verheiratete und Verwitwete ②
- Tag der Eheschließung; Ort der Eheschließung (Standesamt):
- Bei Verwitweten: Familiennamen, Vornamen, Sterbetag des verstorbenen Ehegatten:
- Familienbuch auf Antrag angelegt: ☐ ja ☐ nein

Kinder bis zur Vollendung des 27. Lebensjahres

Person 3
- Familienname/Doktorgrad
- Geburtsname
- Vornamen (Rufname unterstreichen) ☐ männl. ☐ weibl.
- Geburtsdatum/Geburtsort
- Familienstand: ☐ ledig ☐ verheiratet ☐ verwitwet ☐ geschieden
- Religionsgesellschaft
- Staatsangehörigkeiten (bitte alle angeben)
- Rechtsstellung des angemeldeten Kindes (1 = leiblich, 2 = Pflegekind, 3 = Stiefkind) ①
- zum Vater: ___ Zur Mutter: ___
- Ausstellungsdatum und -behörde des Reisepasses
- gültig bis:
- Ausstellungsdatum und -behörde des Personalausweises
- gültig bis:
- erwerbstätig: ☐ ja ☐ nein
- Lohnsteuerklasse: ___ Anzahl weiterer Lohnsteuerkarten: ___

Person 4
- (gleiche Felder wie Person 3)

Bitte BEIBLATT ausfüllen, falls Sie
- eine weitere Wohnung haben
- einen Ordens- oder Künstlernamen führen,
- noch Familienangehörige haben, die nicht zuziehen oder
- Flüchtling oder Vertriebener sind.

Bitte ANLAGE 1.6 ausfüllen, falls Sie von Ihrem Widerspruchsrecht gegen bestimmte Datenübermittlungen Gebrauch machen wollen bzw. Ihre Einwilligung erklären wollen.

Hiermit bestätige ich, dass ich das Merkblatt zur ANMELDUNG mit Aufklärung u. a. über meine **Widerspruchsrechte** und über **EINWILLIGUNGSERFORDERNISSE erhalten habe.**

Ort, Datum: **Bochum,**
Unterschrift einer/eines der Meldepflichtigen:

Einen Vorfall objektiv darstellen – der Bericht

1 Erfassen des Sachverhaltes bei einem Verkehrsunfall

Überprüfen Sie anhand der Unfallskizze die Aussagen der beiden Unfallbeteiligten.

Skizze: Schlossallee mit Metzgerei Bunk, Sparkasse, Frauenstraße, Hotel Hirsch; 1. Fahrt und 2. Unfall in Richtung Stadtmitte.

● Auf dem Polizeirevier Langenburg stellen die beiden Fahrer den Unfall vom 12. Jan. 20.. folgendermaßen dar:

Frau Manfredini, eine Italienerin	Herr Merseburg, ein Einheimischer
Ich fahren _____ mit meinem Opel Caravan auf der linken Seite der Schlossallee in Richtung Stadtmitte.	Wir fuhren auf dem rechten Fahrstreifen, als mich meine Frau erinnerte, dass wir noch Geld von der Bank abheben müssten.
Meine Geschwindigkeit betragen _____ ca. 45 km/h.	
Kurz vor der Abzweigung in die Frauenstraße biegen _____ der grüne Golf LB-E 378 plötzlich nach links ab.	Ich bog deshalb sofort nach links ab.
● Er setzen _____ keinen Blinker _____. Dabei überfahren _____ er die nicht unterbrochene Fahrstreifenbegrenzung.	Peng, da krachte es schon, und meine wirklich nicht empfindliche Frau schrie auf.
Obwohl ich bremsen _____, rutschen _____ ich auf den Golf.	Dieses Weib da war, ohne zu bremsen, auf uns geprallt, obwohl wir doch nur ca. 45 km/h fuhren.
An meinem Caravan werden _____ der rechte vordere Kotflügel beschädigt, beim Golf die hintere linke Tür.	An meinem Wagen wurde die hintere Tür radikal eingedrückt.
Weder meine drei Mitfahrer, die mit mir im Caravan sitzen _____, noch ich werden _____ verletzt.	Meine Frau verstauchte sich die rechte Schulter, die ihr sowieso schon seit Jahren zu schaffen macht.
Der Unfall geschehen _____ gegen 15:30 Uhr.	Was haben diese Ausländer nur auf deutschen Straßen zu suchen?

25

Einen Vorfall objektiv darstellen – der Bericht

2 Zeitform des Berichts

Setzen Sie die Zeitwörter in der Darstellung Frau Manfredinis in die hier nötige Zeitform, die Vergangenheit, tragen Sie diese in die Lücken ein und klammern Sie die Grundformen ein.

3 Sachlichkeit

Frau Manfredini beherrscht zwar die deutsche Sprache nicht perfekt, ihre Angaben sind jedoch sachlich und genau. Welche Aussagen des Herrn Merseburg sind dagegen gefühlsbetont und unsachlich und deshalb für die Polizei bedeutungslos? Setzen Sie diese Aussagen in Klammern.

4 W-Fragen

Formulieren Sie nun mündlich mithilfe der Unfallskizze und der sachlichen Aussagen von Aufgabe 1 einen objektiven (= sachlichen) Unfallbericht. Halten Sie sich dabei an die unten stehenden W-Fragen und beachten Sie, dass bei der Spurensicherung eine 5 m lange Bremsspur des Caravan festgestellt wurde.

1. Wer? (Beteiligte)
2. Wann? (Datum, Uhrzeit)
3. Wo? (Ort, Straße, Fahrtrichtung)
4. Was? (Fahrzeugtyp, Fahrzeugnummer)
5. Wie? (genauer Hergang des Unfalls)
6. Weshalb? (Ursachen)
7. Welche Schäden? (Verletzte, Schäden)

5 Merkmale des Berichts

▶ 1. Der Bericht stellt ein Geschehen dar, das sich nur _____ ereignete und das sich nicht in gleicher Weise wiederholen kann.

▶ 2. Der Bericht wird _____ abgefasst und beantwortet _____.

▶ 3. Seine Zeitform ist die _____.

▶ 4. Häufig taucht der Bericht im Alltag als Unfall-, Test- oder Arbeitsbericht auf.

6 Ausfüllen eines Formulars

Um ihren Versicherungsnehmern den Schriftverkehr zu erleichtern und um alle notwendigen Daten zu erfassen, geben Versicherungen an die Versicherten Formulare aus. Frau Manfredini arbeitet seit zwei Jahren in Deutschland, hat sich hier ein Auto gekauft und ist bei einer Haftpflichtversicherung versichert. Von dieser hat sie das Formular auf S. 27 erhalten.
Einigen Sie sich mit Ihrer Nachbarin bzw. mit Ihrem Nachbarn, wer die Rolle von Frau Manfredini bzw. Herrn Merseburg übernimmt, und füllen Sie jeweils Ihren Anteil an dem Formular aus. (Noch fehlende Daten können Sie frei erfinden. Schreiben Sie zunächst mit dem Bleistift, damit Sie ggf. radieren können!)

7 Schriftlicher Bericht

Wenn ein Polizist den Unfall aufnimmt, bedient er sich ebenfalls eines Formulars. Außer der Aufnahme der Personen-, Fahrzeug- und Zeitdaten muss er darin auch kurz den Unfallhergang schildern. Fertigen Sie diesen Bericht auf einem eigenen Blatt an.

Einen Vorfall objektiv darstellen – der Bericht

Unfallbericht

Keine Schuldanerkenntnis, sondern eine Wiedergabe des Unfallherganges zur schnelleren Schadenregulierung.

Von beiden Fahrzeuglenkern auszufüllen

1. Tag des Unfalles Uhrzeit

2. Ort (Gemeinde, Straße, Haus-Nr. bzw. Kilometerstein)

3. Verletzte? (auch leicht) nein ☐ ja ☐ *

4. Andere Sachschäden als an den Fahrzeugen A u. B nein ☐ ja ☐

5. Zeugen (Name, Anschrift, Telefon; *Insassen von A und B unterstreichen*)

Fahrzeug A

6. Versicherungsnehmer (siehe Kfz-Schein/ Grüne Versicherungskarte)

Name:
Vorname:
Anschrift:

Telefon:
Besteht Berechtigung zum Vorsteuerabzug?
nein ☐ ja ☐

7. Fahrzeug
Marke, Typ:
Amtl. Kennzeichen:

8. Versicherer

Vers.-Nr:
Agent:
Nr. der Grünen Karte:
Versicherungs- ausweis oder Grüne Karte gültig bis:
Besteht eine Vollkaskoversicherung?
nein ☐ ja ☐

9. Fahrer (siehe Führerscheindaten)
Name:
Vorname:
Adresse:
Führerschein-Nr:
Klasse: ausgestellt durch:
gültig ab ___ bis ___
(Für Omnibusse, Taxis usw.)

10. Bezeichnen Sie durch einen Pfeil den Punkt des ersten Anstoßes. ↓

11. Sichtbare Schäden

14. Bemerkungen

12. Umstände

Bitte ankreuzen, soweit für die Beschreibung der Skizze sachdienlich

A		B
☐	1 Fahrzeug parkte (auf der Straße) 1	☐
☐	2 fuhr aus der Parkstelle heraus 2	☐
☐	3 fuhr in eine Parkstelle hinein 3	☐
☐	4 fuhr aus einem Parkplatz, aus einem Grundstück oder einem Feldweg/Privatweg heraus 4	☐
☐	5 fuhr auf einen Parkplatz, bog in ein Grundstück oder einen Feldweg/Privatweg ein 5	☐
☐	6 bog in einen Kreisverkehr ein 6	☐
☐	7 fuhr im Kreisverkehr 7	☐
☐	8 fuhr heckseitig auf ein anderes Fahrzeug auf bei Fahrt in dieselbe Richtung und auf derselben Fahrspur 8	☐
☐	9 fuhr in gleicher Richtung, aber in einer anderer Spur 9	☐
☐	10 wechselte die Spur 10	☐
☐	11 überholte 11	☐
☐	12 bog rechts ab 12	☐
☐	13 bog links ab 13	☐
☐	14 setzte zurück 14	☐
☐	15 fuhr in die Gegenfahrbahn 15	☐
☐	16 kam von rechts 16	☐
☐	17 beachtete Vorfahrtszeichen nicht 17	☐

◄ Anzahl der angekreuzten Felder ►

13. Unfallskizze
Bezeichnen Sie: 1. Straßenführung 2. Richtung der Fahrzeuge A und B (durch Pfeile) 3. Ihre Position im Moment des Zusammenstoßes 4. Straßenschilder 5. Straßennamen

15. Unterschrift beider Fahrer
A   B

Fahrzeug B

6. Versicherungsnehmer (siehe Kfz-Schein/ Grüne Versicherungskarte)

Name:
Vorname:
Anschrift:

Telefon:
Besteht Berechtigung zum Vorsteuerabzug?
nein ☐ ja ☐

7. Fahrzeug
Marke, Typ:
Amtl. Kennzeichen:

8. Versicherer

Vers.-Nr:
Agent:
Nr. der Grünen Karte:
Versicherungs- ausweis oder Grüne Karte gültig bis:
Besteht eine Vollkaskoversicherung?
nein ☐ ja ☐

9. Fahrer (siehe Führerscheindaten)
Name:
Vorname:
Adresse:
Führerschein-Nr:
Klasse: ausgestellt durch:
gültig ab ___ bis ___
(Für Omnibusse, Taxis usw.)

10. Bezeichnen Sie durch einen Pfeil den Punkt des ersten Anstoßes. ↓

11. Sichtbare Schäden

14. Bemerkungen

Unfallbericht A   B

* Name und Anschrift angeben

Einen Vorfall objektiv darstellen – der Bericht

8 Formen des Zeitworts

Die richtigen Formen des Zeitworts zu bilden bereitet nicht nur Ausländern Schwierigkeiten. Ergänzen Sie die Tabelle.

Gegenwart 1. Person	1. Vergangenheit (Imperfekt) 2. Person	2. Vergangenheit (Perfekt) 3. Person, männlich
ich gehe	du gingst	er ist gegangen
		er hat geholfen
	du maßest	
ich stoße		
	du schriest	
		er hat gefragt
ich gewinne		
		er hat vergessen
	du ließest	
	du lasest	

9 Kommasetzung (Überblick)

Der Duden, ein Nachschlagewerk für Rechtschreibung und Zeichensetzung, zählt rund 30 Kommaregeln auf. Die meisten Kommas lassen sich jedoch mit 4 Regeln erklären. Diese sind:

Regel 1:	Das Komma steht bei Aufzählungen.	Die Stoßstange, der Kotflügel, der Scheinwerfer und die Motorhaube waren beschädigt.
Regel 2:	Das Komma trennt Hauptsatz und Nebensatz.	Ich rutschte auf den vorderen Wagen, obwohl ich bremste.
Regel 3:	Das Komma steht vor und nach einem Beisatz (Apposition).	Frau Manfredini, eine Italienerin, war an dem Unfall unschuldig.
Regel 4:	Ein Komma **kann** vor (und nach) einer erweiterten Grundform mit „zu" stehen.	Sie bemühte sich(,) möglichst vorsichtig zu fahren. Er beschloss(,) nach links abzubiegen.

Setzen Sie in den folgenden Sätzen das Komma und begründen Sie es, indem Sie die jeweilige Regelnummer über das Komma schreiben. Wo ein Komma stehen kann, setzen Sie es in Klammern.

a) Ungenügender Sicherheitsabstand riskantes Überholen nicht angepasste Geschwindigkeit und Vorfahrtsfehler führen häufig zu Unfällen.

b) Richard Vogel ein früherer Bundesrichter erklärte dass die Verkehrsmoral erheblich nachgelassen habe.

c) Er forderte die Polizei auf vermehrt Kontrollen durchzuführen. Auf die Einsicht der Verkehrsteilnehmer zu hoffen halte er für falsch.

d) Viele Unfälle auf Landstraßen ereignen sich weil Autofahrer mit überhöhter Geschwindigkeit fahren.

e) Alkohol eine oft unterschätzte Unfallursache ist bei ca. 25 Prozent aller tödlichen Unfälle im Spiel.

f) Wenn Ihr Freund Alkohol getrunken hat sollten Sie ihn davon abhalten selbst mit dem Moped oder Auto nach Hause zu fahren.

Einen Vorgang beschreiben (1) – Geld abheben mit der Geldkarte

Geld abheben mit der Geldkarte ist für die meisten Jugendlichen heute eine Routineangelegenheit. Die Banken haben den Vorgang in übersichtliche Schritte zerlegt, damit sich jedermann rasch zurechtfindet.

1 Ordnen von Einzelschritten

Bringen Sie die 19 Einzelschritte in die Reihenfolge, die der Geldautomat verlangt, wenn er funktionieren soll. Geben Sie dem ersten Einzelschritt in Spalte 1 die Ziffer 1, dem letzten die Ziffer 19. – Sie heben einen Betrag von 60 Euro ab.

	Wie man am Geldautomaten Geld abhebt	
Spalte 1	Spalte 2	Spalte 3
	Man drückt die grüne Taste zur Bestätigung des Betrags von 60 Euro.	
	Auf dem Bildschirm erscheint der Text: EINGABE GEHEIMZAHL BITTE GEBEN SIE IHRE GEHEIMZAHL EIN. BENUTZEN SIE DIE GELBE TASTE ZUM KORRIGIEREN.	
	Man steckt die Geldkarte in den Kartenschlitz.	
	Der Geldautomat schiebt aus dem Geldschlitz den Betrag von 60 Euro.	
	Man geht zum Geldautomaten.	
	Auf dem Bildschirm erscheint der Text: AUSGABE KARTE BITTE ENTNEHMEN SIE IHRE KARTE.	
	Man tippt mit dem Finger auf das Textfeld ANDERER BETRAG.	
	Auf dem Bildschirm erscheint der Text: BITTE GEBEN SIE IHRE KARTE EIN.	
	Man achte darauf, dass keine fremde Person die Eingabe beobachten kann.	
	Man zählt den Betrag nach und nimmt das Geld zu sich.	
	Auf dem Bildschirm erscheint der Text: HAUPTMENÜ: KONTOSTAND AUSZAHLUNG KASSENAUFTRAG	
	Man tippt auf den Zifferntasten die Ziffern 6 und 0 an (= 60 Euro).	
	Auf dem Bildschirm erscheint der Text: AUSWAHL BETRAG EURO 20 100 200 500 EURO 50 150 250 ANDERER BETRAG	
	Man gibt mithilfe der Zifferntasten auf dem Geldautomaten seine Geheimzahl ein.	
	Auf dem Bildschirm erscheint der Text: GELDAUSGABE BITTE ENTNEHMEN SIE IHR GELD	
	Man drückt mit dem Finger auf das Textfeld AUSZAHLUNG.	
	Auf dem Bildschirm erscheint der Text: EINGABE BETRAG BITTE GEBEN SIE DEN GEWÜNSCHTEN BETRAG EIN. BESTÄTIGEN SIE BITTE MIT DER GRÜNEN TASTE.	
	Die Geldkarte erscheint im Kartenschlitz, sodass man sie herausziehen kann.	
	Auf dem Bildschirm erscheint der Text: BITTE HABEN SIE ETWAS GEDULD	

2 Flüssiger Ausdruck

Lesen Sie den Text in der erarbeiteten Reihenfolge laut. – Die einzelnen Sätze wirken „kantig", da sie unverbunden nebeneinander stehen. Folgende Umstandswörter helfen, den Text „flüssig" zu machen. Schreiben Sie die jeweils passenden in Spalte 3. (Teilweise sind mehrere Lösungen möglich.)

dann, hierauf, jetzt, nun, sogleich, daraufhin, danach, sofort, zuerst, zuletzt, gleichzeitig, darauf, anschließend, schließlich

Einen Vorgang beschreiben (1) — Geld abheben mit der Geldkarte

3 Abwechslung im Ausdruck

Das ständig wiederkehrende „man" wirkt eintönig. Satz 3 könnte auch so lauten:
    Die Geldkarte wird in den Kartenschlitz gesteckt.

Die hier gewählte Form ist die Leideform (Passiv). Setzen Sie die Tatform (Aktiv) bei all den Sätzen, wo es möglich ist, mündlich in die Leideform.

4 Mündlicher Ausdruck

Erklären Sie mündlich den Vorgang des Geldabhebens mit einer Geldkarte Ihrem Freund, den Sie mit „du" anreden, und verwenden Sie dabei auch die verbindenden Wörter von Aufgabe 1 (Spalte 3).

5 Fachbegriffe

Unterstreichen Sie in Aufgabe 1 (Spalte 2) alle Fachausdrücke, die Teile des Geldautomaten oder typische Sachverhalte des Geldabhebens benennen.

6 Merkmale der Vorgangsbeschreibung

Ergänzen Sie den folgenden Text.

▶ 1. Ein _____, der wiederholt auf die _____ Weise abläuft, wird in einer Vorgangsbeschreibung dargestellt.

▶ 2. Da er beliebig oft wiederholbar ist, wird die Beschreibung in der Zeitform der _____ geschrieben.

▶ 3. Der Vorgang wird für den Leser klar, wenn der Ablauf in _____ aufgegliedert wird und diese in der richtigen _____ Reihenfolge angeordnet werden.

▶ 4. Die Sprache der Beschreibung soll _____ sein und verständliche _____ enthalten.

▶ 5. Die Vorgangsbeschreibung taucht im Alltag häufig auf als Gebrauchs- oder Bedienungsanleitung, als Montageanleitung oder Rezept.

7 Schriftliches Beschreiben

Fertigen Sie auf Seite 32 eine einwandfreie Vorgangsbeschreibung des Geldabhebens an, welche die erarbeiteten Verbesserungsvorschläge enthält. Sie richten die Anleitung an eine mit „Sie" angesprochene Person.

8 Beschreibung aus dem Berufsalltag

Erklären Sie Ihren Klassenkameraden mündlich, wie Sie in Ihrem Betrieb eine bestimmte Maschine bedienen. Gehen Sie auf Fragen Ihrer Mitschüler ein.

9 Tat- und Leideform

Zuweilen steht man im Betrieb oder privat vor der Frage, ob eine Mitteilung telefonisch oder brieflich erfolgen soll. In der Gegenüberstellung werden die beiden Mitteilungsformen miteinander verglichen.

Vorteile des Telefongesprächs	Vorteile des Briefes (Fax, E-Mail, SMS, MMS)
a) sofortige Klärung des Sachverhalts b) geringer Zeitaufwand c) persönlicher Kontakt zwischen Partnern d) keine Rechtschreibprobleme e) bei Orts- und Nahgesprächen gegebenenfalls niedrigere Kosten	a) Nachlesbarkeit einer Mitteilung b) zusammenhängende Darstellung c) beweiskräftige Unterlage d) leichtere Aufnahme der Information e) bei weiten Entfernungen meist niedrigere Kosten f) nur bei Fax, E-Mail, SMS, MMS: rasche Klärung des Sachverhalts

Einen Vorgang beschreiben (1) — Geld abheben mit der Geldkarte

9.1 Formulieren Sie die in Stichworten vorgegebenen Vorteile des Telefongesprächs in kurze, vollständige Sätze um. Schreiben Sie diese in der jeweils verlangten Verbform (Tat- oder Leideform) in die leeren Zeilen.

a) Tatform: Nicht jeder Sachverhalt lässt sich sofort klären. ○
   Leideform: _____ ○

b) Tatform: _____ ○
   Leideform: Es wird weniger Zeit aufgewendet. ○

c) Tatform: Zwischen den Partnern entsteht ein persönlicher Kontakt. ○
   Leideform: _____ ○

d) Tatform: _____ ○
   Leideform: _____ ○

e) Tatform: _____ ○
   Leideform: _____ ○

9.2 Entscheiden Sie, welche Formulierungen bei 9.1 sprachlich besser sind. Kennzeichnen Sie diese mit X.

9.3 Formulieren Sie die Vorteile des Briefes (Fax, E-Mail, SMS, MMS) in kurzen Sätzen in der Tatform, wobei Sie in jedem Satz das Wort „Empfänger" als Handelnden verwenden.

a) _____
b) _____
c) _____
d) _____
e) _____

▶ Wenn der Handelnde in einem Sinnzusammenhang bekannt ist, bietet sich als Verbform die
   _____ (= Aktiv) an. Sie wird im Deutschen bevorzugt.
   Beispiel: Zwei Einbrecher **knackten** gestern einen Wohnwagen.

   Wenn der Handelnde nicht erwähnt werden soll oder kann, verwendet man die
   _____ (= Passiv).
   Beispiel: Gestern **wurde** ein Wohnwagen **aufgebrochen**.

10 Fremdwörter: -ieren

Telefon|ieren| oder korrespond|ieren| ? Zeitwörter mit der Endung -ieren sind Fremdwörter; das „ie" wird zuweilen übersehen. Ergänzen Sie wie im Beispiel vorgegeben.

das	Telefon	telefonieren	Die Sekretärin telefoniert.
____	Korrespondenz	_____	_____
____	Programm	_____	_____
____	Präsident	_____	_____
____	Präparat	_____	_____
____	Automat	_____	_____
____	Diskussion	_____	_____
____	Kontrolle	_____	_____
____	Studium	_____	_____

Einen Vorgang beschreiben 1: Geld abheben mit der Geldkarte

Einen Vorgang beschreiben 2: Anleitung für einen Arbeitsvorgang

Vorgangsbeschreibungen begegnen uns häufig als Anweisungen, was und wie wir etwas machen sollen. Wir erwarten dabei Begründungen für die einzelnen Maßnahmen, sofern sie nicht von vornherein selbstverständlich sind.

1 Teilabschnitte begründen

In der linken Spalte 1 sind die bei einem Radwechsel anfallenden Arbeitsschritte dargestellt. Geben Sie in der Spalte 2 die Begründung für den jeweiligen Einzelschritt stichwortartig an, wenn sie Ihnen notwendig und sinnvoll erscheint und wenn sie Ihnen von Ihrem Verständnis her möglich ist.

Anweisung für den Radwechsel an einem Pkw

Spalte 1 Einzelschritt	Spalte 2 Begründung
① Fahren Sie das Fahrzeug so weit wie möglich an den rechten Fahrbahnrand heran.	
② Ziehen Sie die Handbremse an und schieben Sie ggf. einen Keil unter ein Rad.	
③ Stellen Sie in angemessener Entfernung vom Auto das Warndreieck auf.	
④ Ziehen Sie die Radkappe (den Radzierdeckel) des defekten Rades ab.	
⑤ Lockern Sie mit einem Steckschlüssel oder Radkreuz die Radbolzen ein wenig.	
⑥ Stellen Sie den Wagenheber auf eine feste, ebene Unterlage und setzen Sie ihn an der dafür vorgesehenen Stelle des Fahrzeugrahmens an.	
⑦ Heben Sie damit das defekte Rad so weit an, bis es den Boden nicht mehr berührt.	
⑧ Drehen Sie die Radbolzen ganz heraus und nehmen Sie das Rad von der Nabe ab.	
⑨ Setzen Sie das Ersatzrad auf die Radnabe und drehen Sie es passend.	

Einen Vorgang beschreiben 2: Anleitung für einen Arbeitsvorgang

Anweisung für den Radwechsel an einem Pkw	
Spalte 1 Einzelschritt	Spalte 2 Begründung
⑩ Schrauben Sie die Radbolzen von Hand an.	
⑪ Ziehen Sie die Radbolzen mit dem Steckschlüssel über Kreuz so an, dass das Rad fest an der Nabe anliegt.	
⑫ Lassen Sie das Auto mit dem Wagenheber ab und ziehen Sie die Radbolzen nochmals fest.	
⑬ Ziehen Sie nach ca. 5 km Fahrt die Radbolzen noch einmal nach.	

2 Sprachliche Möglichkeiten der Begründung

Um den Grund oder Zweck einer Maßnahme oder eines Arbeitsschrittes anzugeben, stehen verschiedene sprachliche Möglichkeiten zur Verfügung:

a) Der Zweck oder die Begründung wird mit einem Nebensatz an den Hauptsatz angefügt:
Fahren Sie möglichst nahe an den rechten Straßenrand heran, damit Sie den Verkehr nicht behindern. (Komma!)

b) Der Nebensatz wird in verkürzter Form an den Hauptsatz angefügt:
Fahren Sie möglichst nahe an den rechten Straßenrand heran, um den Verkehr nicht zu behindern. (Komma möglich!)

c) Der Zweck oder die Begründung wird als ein Ausdruck (Umstandsangabe) in den Hauptsatz eingebaut:
Fahren Sie wegen des fließenden Verkehrs möglichst nahe an den rechten Straßenrand heran. (kein Komma!)

2.1 Formulieren Sie die „Anweisung für den Radwechsel" mündlich, wobei Sie bei jedem einzelnen Arbeitsschritt den in Spalte 2 gefundenen Grund oder Zweck in den Satz mit einbauen. Wenden Sie dabei wahlweise die eben aufgezeigten Möglichkeiten a–c an.

2.2 Schreiben Sie die jeweils beste Lösung eines begründeten Arbeitsschrittes auf ein eigenes Blatt, sodass eine zusammenhängende, ausführliche Vorgangsbeschreibung entsteht. (Nicht alle Begründungen in Spalte 2 sind unbedingt notwendig!)

3 Technische Fachausdrücke

Für den Laien stellen alle folgenden Abbildungen „Schraubenschlüssel" dar. Der Fachmann bezeichnet die verschiedenartigen Schraubenschlüssel genauer:

34

Personen beschreiben

A Raum 89312.
Julia, 19 Jahre jung, schlank, braune Augen, dunkelblonde Haare, 175 cm groß, begeisterte Fußballspielerin und Kinogängerin, sucht zuverlässigen Partner bis 25, möglichst dunkelhaarig, sportlich und über 180. Wann gehen wir zu zweit ins Kino oder ins Stadion?
Chiffre 25111

B Am Samstag, dem 12.01.2008, gelang es Karsten Jöcksel gegen 19:00 Uhr seinen Beifahrer unter einem Vorwand zum Verlassen ihres Geldtransporters zu bewegen. Im Fahrzeug befanden sich 2,3 Millionen Euro. Es wurde gegen 22:00 Uhr leer auf dem Gelände des Kieswerks Steiner aufgefunden.

> Karsten Jöcksel ist 35 Jahre alt und ca. 185 cm groß. Er hat eine kräftige, sportliche Figur, schwarze Haare und über der linken Augenbraue eine Narbe. An beiden Oberarmen trägt er farbige Tatoos. Er spricht Thüringer Mundart.
> Für Hinweise, die zur Ergreifung des Täters und Beibringung der Beute führen, wurde eine Belohnung von 10.000 Euro ausgesetzt.
> Hinweise bitte an die KPI Dorheim 06032/7753-0 oder an jede Polizeidienststelle.

C Mit einem Ruck wurde die Tür aufgerissen, und der Mann, der da inmitten einer Fuselwolke auf der Schwelle schwankte, blinzelte mir wie aus dem Traum gerissen ins Gesicht. – Was'n los? flüsterte, ja hauchte er fast.
Er reichte mir knapp bis zum Kinn. Seine fettigen Haare waren in der Mitte gescheitelt, die vorderen, teilweise grauen Strähnen hinter die beträchtlich abstehenden Ohren gelegt, und der Rest hing, akkurat wie nach der Schnur geschnitten, zwei Finger breit über den Schultern. Zu einer grobgestrickten Wolljacke und zerbeulten Cordhosen trug er jene halboffenen weißen Gesundheitsschuhe, die man oft an Krankenpflegern oder Ärzten sieht. – Guten Tag, sagte ich und zeigte auf das Namenschild neben der Tür: Kann ich Herrn Klemke sprechen?
Sein gebräuntes, von tiefen Falten durchkreuztes Gesicht war wie umflort von der Müdigkeit, die tiefer ist als jeder Schlaf. Herabhängende Mundwinkel, eine große, stumpfe Nase, schwere Hautsäcke unter den Augen – ein lebensmüder Cockerspaniel fiel mir ein, wenn auch nur auf den ersten Blick. Bei genauerem Hinsehen fehlte diesem weit über vierzig Jahre alten Mann die gutmütige Ausstrahlung jener Hunde, und sein Blinzeln war eine Mischung aus Argwohn, Verachtung und Bauernschläue. Aber vielleicht täuschte ich mich.

1 Textabsichten

1.1 Wo könnten die Texte A, B und C veröffentlicht worden sein?

Text A: _____

Text B: _____

Text C: _____

Personen beschreiben

1.2 Welche speziellen Absichten verfolgen die Verfasser der einzelnen Texte?

Text A: _____

_____

Text B: _____

_____

Text C: _____

_____

1.3 Welche Absicht ist allen drei Texten gemeinsam?

_____

2 Personenbeschreibung

2.1 Welcher Text enthält zwei Personenbeschreibungen?

_____

2.2 Klammern Sie in den drei Texten mit eckigen Klammern [...] alle Textteile ein, die nicht zur eigentlichen Personenbeschreibung gehören.

3 Äußeres Erscheinungsbild einer Person

3.1 Unterstreichen Sie in den drei Texten alle sachlichen Angaben zum äußeren Erscheinungsbild der beschriebenen Personen.

3.2 Die Polizei verfügt, um Personen möglichst genau beschreiben zu können, über ein eigenes Formblatt. Dies beginnt so:

Personenbeschreibung
(Zutreffendes unterstreichen)

Geschätztes Alter: _____ Geschlecht: männlich/weiblich Größe: in cm _____

Gestalt (stark, untersetzt, schwächl., Buckel, breitschultrig, rechte, linke Schulter höher): _____

Kopfform (Kreisel-, Rauten-, Pyramidenform, doppelt eingebogen, unsymmetrisch, viereckig, oval, rechteckig, hohe Form):

In dem Auszug aus dem Formblatt tauchen die Oberbegriffe Alter, Geschlecht, Größe, Gestalt und Kopfform auf. Was könnte weiterhin Gegenstand der Beobachtung sein?

_____

_____

_____

3.3 Welche Körperteile werden mit den folgenden Eigenschaftswörtern beschrieben? Ordnen Sie die Eigenschaftswörter zu und beachten Sie, dass manche für zwei oder alle drei Körperteile gebraucht werden.

bleich • tiefliegend • geradlinig • grünlich • picklig • breit • gebogen • gerötet • klar • sommersprossig • platt • eingefallen • schief • hager • schrägstehend • spitz • voll • schmal • hervorquellend • oval

Personen beschreiben

_____ _____ _____
_____ _____ _____
_____ _____ _____
_____ _____ _____
_____ _____ _____
_____ _____ _____
_____ _____ _____
_____ _____ _____
_____ _____ _____

● **3.4** Schauen Sie die Haare einer Ihrer Mitschülerinnen oder eines Ihrer Mitschüler genau an und entnehmen Sie aus der folgenden Aufstellung eines Polizeiformulars die zutreffenden Merkmale. Lassen Sie anschließend Ihre Mitschüler/-innen auf die richtige Person schließen.

Haarfarbe: weiß – hellblond – mittelblond – rot – rotblond – dunkelblond – braun – schwarz – grau – gefärbt – bunt – Strähnchen – rotbraun

Haarform: kraus – lockig – wollig – glatt

Haardichte: Glatze – Haarkranz – Wirbelglatze – Stirnglatze – Geheimratsecken – dünn – licht – normal – dicht

Haarlänge: nackenlang – schulterlang – extrem lang – kurz – extrem kurz – rasiert

Scheitel: links gescheitelt – rechts gescheitelt – Mittelscheitel – ohne Scheitel

Frisur: zurückgekämmt – vorgekämmt – andere Frisur – Zöpfe – Pferdeschwanz – Rasta – Punker – Irokesen – Stiftenkopf – Koteletten – Perücke – Toupet

_____
_____

●

4 Wesen einer Person

4.1 Beobachtungen an Personen beschränken sich nicht nur auf das äußere Erscheinungsbild. Welche anderen Gesichtspunkte sind in den folgenden Aussagen angedeutet?

a) „Wenn es um schwierige Aufgaben geht, kann man sich auf Christian verlassen."	b) „Mari ist sehr sensibel und hilfsbereit."	c) „Mirella fasst sehr schnell auf."
_____	_____	_____

4.2 Aus dem Verhalten kann man auf Eigenschaften einer Person schließen. Welche Eigenschaften werden in den folgenden Aussagen angesprochen?

a) „Jakob drückt sich gern vor der Arbeit."	_____
b) „Katrin arbeitet seit Jahren in einer Gruppe mit, die Geisteskranke betreut."	_____

37

Personen beschreiben

c) „Ayse überlegt sich alles genau, bevor sie eine Entscheidung trifft."	
d) „Ali fällt auf jeden Sprücheklopfer herein."	
e) „Sarahs Arbeitsplatz ist nach Arbeitsschluss aufgeräumt wie kein anderer."	
f) „Als ein Farbiger im Café Royal belästigt wurde, hat Philipp weggeschaut."	

4.3 Unterstreichen Sie in den drei Texten A, B, C mit Doppelstrich alle Angaben, die etwas über das Wesen der beschriebenen Personen aussagen.

5 Personen beobachten

5.1 In bestimmten Berufen und Berufspositionen müssen Berufstätige Personen, mit denen sie zu tun haben (z. B. Kunden, Mitarbeiter), genau beobachten und beurteilen: nach Erscheinungsbild, Verhalten, Intelligenz, Charakter, Leistung. Nennen Sie solche Berufe.

5.2 Wo können solche Beobachtungen auch im Alltag vorkommen?

6 Vergleich von Personenbeschreibungen

6.1 Welche Formulierungen der literarischen Personenbeschreibung bei C könnten in einer polizeilichen Personenbeschreibung keinesfalls auftauchen? Klammern Sie diese Formulierungen mit runden Klammern (...) ein.

6.2 Stellen Sie sich vor: Herr Klimke wird seit drei Tagen vermisst. Formulieren Sie für die Polizei den Text der Suchmeldung mithilfe des Textes C.

Personen beschreiben

7 Typen – zeichnerisch aufgespießt

7.1 Kennzeichnen Sie mit Schlagworten die fünf Figuren als Typen

_____   _____   _____   _____   _____
_____   _____   _____   _____   _____
_____   _____   _____   _____   _____
_____   _____   _____   _____   _____

7.2 Diskutieren Sie darüber, inwieweit es gerechtfertigt ist, Menschen nach ihrem äußeren Eindruck zu beurteilen.

8 Rechtschreiben: Gedehnte Selbstlaute

Da frohlockten die Fahnder! Während ihrer vierstündigen Suche stießen sie auf verschiedene Spuren: Reste von fahlen Haaren, von Alkohol in halbgeleerten Gläsern und von verkohltem Braten.

Bei den markierten Buchstaben handelt es sich um lang (gedehnt) gesprochene Selbstlaute. Die Kennzeichnung der gedehnten Selbstlaute wird rechtschriftlich unterschiedlich gehandhabt. (Doppellaute au, äu, ei, eu gelten immer als lang.)

Tragen Sie folgende Wörter richtig in die Tabelle auf S. 40 ein:

a? aa? ah?	Schicks___l • M___lzeit • Vorn___me • W___lbezirk • S___lordner • Nachb___r • S___rland • Brautp___r • unw___r • er w___r • Küchenw___ge • Krankenb___re
ä? äh?	H___rchen • Gef___rte • m___en • s___en • sch___men • n___mlich • Gew___r • erw___nen
e? ee? eh?	sch___ren • Mittelm___r • bel___ren • überqu___ren • s___lig • s___lisch • Himb___re • bef___len • ___rgeiz • ausd___nen • verh___ren • st___ts • W___r-Frage • W___rdienst
i? ih? ie?	L___dschatten • g___b her • Baust___l • erg___big • L___derbuch • ___hnen • Besenst___l • W___derholung • W___derstand • ___m • G___sela • ___rseits
o? oo? oh?	Motorb___t • M___spolster • H___lraum • H___n • Holzb___le • Hochm___r • Z___besuch • abh___len • L___s • Thr___n • Starkstr___m • verm___st • r___
ö? öh?	Geh___r • st___nen • dr___nen • F___nwetter • gr___len • Get___se • schw___ren • f___nen • vers___nen • Erl___sung
u? uh?	Gl___t • Sp___le • K___rort • Nachr___m • Aufr___r • umst___len • ___rsprünglich • r___ig • Mess___r • bet___lich
ü? üh?	Gesp___r • wegf___ren • K___lung • Geb___r • Sp___lgang • D___ne • verbl___t • b___nenreif • Geschw___r • schw___l

39

Personen beschreiben

gedehnter Selbst-/Umlaut	ohne Kennzeichnung	Verdopplung	Dehnungs-h	Dehnungs-e
a	Braten	Haare	Fahnder	
ä	Gläser		während	
e		halbgeleert		
i			ihre	vierstündig
o	Alkohol		verkohlt	
ö				
u				
ü				

40

Kommunikation unter Fachleuten – Fachsprachen

1 Verständigung auf unterschiedlichen Sprachebenen

Wenn zwei Ärzte miteinander über einen Knochenbruch sprechen, hört sich das anders an, als wenn es zwei Nichtmediziner tun.

1.1 Wie bezeichnet man allgemein die „Sprache"

— der beiden Ärzte? _____

— der beiden Jugendlichen? _____

1.2 Welche Vorteile und Nachteile haben Fachsprachen?

Vorteil: _____

Nachteil: _____

1.3 Übersetzen Sie die Fachausdrücke des Arztgesprächs mithilfe des Gesprächs der Jugendlichen.

Fraktur =	
Radiusfraktur =	
Fissur =	
Ulna =	

2 Fachausdrücke aus Ihrem Beruf

2.1 Jeder Beruf hat seine Fachausdrücke. Sammeln Sie solche aus Ihrem Beruf.

_____
_____
_____

2.2 Stellen Sie sich vor, Sie müssten diese Fachausdrücke einem Laien erklären. Was würden Sie ihm sagen?

Kommunikation unter Fachleuten – Fachsprachen

3 Fachausdrücke aus dem Kunststoffbereich

Zunehmendes Interesse findet in den letzten Jahren auch das Recycling von Kunststoffen. Hierbei ergeben sich jedoch besondere Schwierigkeiten, da es sich bei den Kunststoffen (im Gegensatz z. B. zu den Metallen) um eine umfangreiche Gruppe sehr unterschiedlicher und empfindlicher Werkstoffe handelt. Insgesamt werden heute über 50 Kunststoffarten hergestellt, zum überwiegenden Teil (etwa
5 90 %) Polyäthylen, Polypropylen, Polystyrol und Polyvinylchlorid, ferner (etwa 10 %) Polyamide, Polyester und Polyurethane, die sich in Aufbau und Struktur unterscheiden und zur Erzielung spezieller Eigenschaften meist Zusätze wie Weichmacher, Füllstoffe und Verarbeitungshilfsmittel, ferner UV-Absorber, Antioxidanzien, Farbstoffe usw. enthalten. Grundsätzlich kommen für eine Wiederverwendung in erster Linie thermoplastische Kunststoffe infrage, während sich duroplastische Kunst-
10 stoffe und Elastomere (Synthesekautschuk) dafür nicht eignen.

3.1 Unterstreichen Sie die Fachausdrücke im Text.
3.2 Bei welchen Fachausdrücken handelt es sich um Produktbezeichnungen, die zu übersetzen wenig sinnvoll ist?
3.3 Erläutern Sie schriftlich – ggf. mithilfe eines Lexikons/des Internets – die folgenden Fachausdrücke.

Recycling:	_____
Füllstoff:	_____
UV-Absorber:	_____
Antioxidanzien:	_____

4 Fachausdrücke aus der Kunst

4.1 Die folgenden Fachausdrücke aus dem Bereich der Kunst können Sie unter vier Oberbegriffe einordnen. Suchen Sie diese Oberbegriffe und schreiben Sie darunter die zugehörigen Unterbegriffe.

Ballade • Arkade • Sonate • Porträt • Kapitell • Fuge • Aquarell • Allegro • Novelle • Stillleben • Schiff • Halbakt • Symphonie • Satire • Ouvertüre • Lyrik • Graffito • Apsis • Drama • Fassade • Fresko • Anekdote • Krypta • Tango

4.2 Erläutern Sie die einzelnen Begriffe mündlich, ggf. mithilfe eines Lexikons/des Internets.

Sprache der Wirtschaft

Musikmarkt im Umbruch?

„Warum noch CDs kaufen? Wenn ich Musik hören will, brenne ich mir was!" Seit der Geburtsstunde der Musiktauschbörsen im Internet, wie Napster, sinken die Jahresumsätze der Musikkonzerne und damit ihre ökonomische Vormachtstellung. Den größten Anteil am Konsum von Tonträgern hatten bisher die unter 40-Jährigen. Sie kaufen vorwiegend Angebote aus den Bereichen Pop und Dance. Genau diese beiden Bereiche sind nach Angaben der Phonobranche von Umsatzrückgängen betroffen. Die Zahlen lassen also vermuten, dass sich vor allem die jungen Käufer von der CD abwenden. Aber liegt das zwangsläufig an den Angeboten des Internets?

Insbesondere junge Menschen konsumieren Produkte neuer Technologien. So haben sich in den letzten Jahren andere Bereiche innovativer als die CD-Industrie gezeigt und auch erfolgreichere Marketing-Strategien entwickelt. Produkte, wie Handys, Spielkonsolen und der Vormarsch der DVD, zeigen die großen Gewinner. Der Boom in diesen Bereichen senkt bei einer insgesamt begrenzten Kaufkraft den Marktanteil der CD-Industrie.

Weiterhin sind die Preise für CDs den Käufern vielfach zu hoch. Dabei macht die Musikindustrie den Handel für diese hohe Kalkulation verantwortlich.

Der Trend, dass die Tonträger starke Rückgänge verzeichnen, lässt sich aber nicht in allen Altersgruppen wiederfinden. Bei der jungen Käuferschicht der 10- bis 19-Jährigen ist der Kauf nicht rückläufig. Entscheidend dafür ist, dass sich das Musikangebot viel stärker an diese junge Zielgruppe richtet.

1 Fachausdrücke aus der Wirtschaft

Texte aus dem Bereich der Wirtschaft sind oft schwer verständlich, da sie mit Fachausdrücken gespickt sind. Unterstreichen Sie in dem oben stehenden Bericht über das Geschäft mit der Musik alle Fachausdrücke aus dem wirtschaftlichen Bereich (bei Zusammensetzungen das ganze Wort).

2 Fremdwörter als Fachausdrücke

2.1 Übersetzen Sie, ggf. mithilfe eines Lexikons/des Internets, die folgenden Fachausdrücke aus dem Zeitungsartikel:

Boom =	_____	Trend =	_____
Branche =	_____	Marketing =	_____
Konzern =	_____	Strategie =	_____
ökonomisch =	_____	Industrie =	_____
Kalkulation =	_____	Konsum =	_____
innovativ =	_____	Technologie =	_____

2.2 Erläutern Sie mündlich die folgenden Fachausdrücke aus dem Text:

Phonobranche • Musikkonzern • ökonomische Vormachtstellung • Marketing-Strategie

Sprache der Wirtschaft

3 Definition

Bestimmen Sie, ggf. mithilfe eines Lexikons/des Internets, in einem Satz möglichst genau die folgenden Begriffe:

Marktanteil: _____

_____

Jahresumsatz: _____

_____

4 Umformulieren

Die Sprache der Wirtschaft kann recht bildhaft sein. Übertragen Sie die folgenden bildhaften Redeweisen in nüchterne Sachaussagen.

a) In den letzten Jahren gingen Millionen von Handys über den deutschen Ladentisch.

_____

b) Immer mehr Unternehmer kalkulieren mit Haken und Ösen.

_____

c) Ein Sprecher der Europäischen Zentralbank versicherte, dass diese nicht an der Zinsschraube drehen wolle.

_____

5 Treffender Ausdruck

In der linken Spalte ist ein wirtschaftlicher Sachverhalt möglichst „normal" beschrieben. In der rechten Spalte soll der entsprechende Fachausdruck ergänzt werden.

a) Die Firma Möller verkaufte im vergangenen Jahr Waren im Wert von 20 Mio. Euro.	a) Die Firma Möller hatte im vergangenen Jahr einen _____ von 20 Mio. Euro.
b) Die Lux-Werke verkaufen eine neu entwickelte Waschmaschine.	b) Lux-Werke haben eine neue Waschmaschine auf den _____ gebracht.
c) Ungefähr 20 % aller Großcomputer stammen vom Unternehmen Z.	c) Das Unternehmen Z hat bei Großcomputern einen _____ von etwa 20 %.
d) Die Firma Schwarz liefert dem Fachhändler ein Mix-Gerät zum Preis von 40 Euro. Der Fachhändler verkauft das Gerät für 80 Euro.	d) Die _____ beträgt 100 %.

6 Wortfamilien: produk-, konkurr-

Suchen Sie Begriffe, die von den Wortstämmen „produk-/produz-" und „konkurr-" abgeleitet sind.

produk-	konkurr-
_____	_____
_____	_____
_____	_____
Welcher Wortsinn ist Wörtern mit dem Wortstamm „produk-" gemeinsam? produk- =	Welcher Wortsinn ist Wörtern mit dem Wortstamm „konkurr-" gemeinsam? konkurr- =

44

Informationen aus Nachschlagewerken entnehmen

Nicht alles, was wir in Zeitungen lesen, in Rundfunk und Fernsehen hören, ist leicht verständlich. Unser Textverständnis leidet oft, weil wir den Sinn bestimmter Wörter, meistens Fremdwörter, nicht kennen. Häufig auftauchende Fremdwörter sollten jedoch jedem bekannt sein. Ein Weg, Fremdwörter kennen und verstehen zu lernen, ist der Gebrauch von Nachschlagewerken. Es gibt Nachschlagewerke zur rechtschriftlichen Klärung (z. B. Rechtschreib-Duden) und zur sachlichen Erklärung (z. B. Lexikon). Bei den folgenden Arbeiten sollten Sie ein Nachschlagewerk zur Hand haben.

Die „Augsburger Allgemeine" brachte die nebenstehende Meldung:

Bürger protestieren gegen Zentrum für Strafentlassene

Nürnberg. Gegen die Errichtung eines Resozialisierungszentrums für Strafentlassene durch die evangelische Stadtmission zieht in Nürnberg eine Bürgerinitiative zu Felde. Bei einer Versammlung schrien ihre Vertreter die Befürworter des Projekts nieder und bedachten den zuständigen Gemeindepfarrer mit Buh-Rufen. Einer von ihnen fasste die Meinung der Initiativgruppe mit den Worten zusammen: „Christliche Nächstenliebe hört hier auf." Der Staat verurteile und strafe und habe auch für die Resozialisierung zu sorgen. Des Ortspfarrers Kommentar zur Meinung der protestierenden Bürger: „Der barmherzige Samariter ist wohl nötig, nur darf der unter die Räuber Gefallene nicht hier liegen."

1 Fremdwörter

- Unterstreichen Sie im nebenstehenden Text alle Fremdwörter.

2 Alphabet

Nachschlagewerke sind alphabetisch angelegt. Ordnen Sie folgende Fremdwörter alphabetisch in die Spalte 2 der Tabelle ein.

Mission • Aggression • Zentrum • Projekt • Exekutive • liberal • Neutralität • Budget • Votum • Forum • sozial • Charta • Kommentar • Resozialisierung • Ultimatum • Demoskop • Terror • Gremium • Qualifikation • Junktim • Hegemonie • Initiative • Opposition

Spalte 1	Spalte 2	Spalte 3	Spalte 4
a			
b			
c			
d			
e			
f			
g			
h			
i			
j			
k			
l			
m			
n			
o			
p			

Informationen aus Nachschlagewerken entnehmen

Spalte 1	Spalte 2	Spalte 3	Spalte 4
q			
r			
s			
t			
u			
v			
w			
x			
y			
z			

3 Nachschlagen

3.1 Übersetzen Sie die Fremdwörter von Spalte 2 und tragen Sie die Übersetzung in Spalte 4 ein. Schlagen Sie die Ihnen unbekannten in einem Nachschlagewerk nach.

3.2 Setzen Sie in Spalte 3 die entsprechenden Geschlechtswörter. In manchen Nachschlagewerken finden Sie die Abkürzungen: m, w, s für männlich, weiblich, sächlich.
m = der; w = die; s = das

4 Ordnung innerhalb eines Buchstabens

Ordnen Sie die folgenden Wörter, die mit dem gleichen Buchstaben beginnen, alphabetisch.

Diplomatenpass • Demonstrationszug • Demarkationslinie • Delegationschef • Defensivwaffen • Dokumentenmappe

1.	_____	4.	_____
2.	_____	5.	_____
3.	_____	6.	_____

5 Einfache Begriffsbestimmungen

Schlagen Sie im Lexikon oder Duden die Fremdwortbestandteile der zusammengesetzten Hauptwörter von Aufgabe 4 nach und erklären Sie die Begriffe mit je einem Satz.

Beispiel: Defensivwaffen sind Waffen, die der Verteidigung dienen.

_____
_____
_____
_____
_____
_____

Einem Text Informationen entnehmen 1

In Betrieb, Schule und Privatleben ist es heute immer wieder erforderlich, aus ausführlichen Texten die wichtigsten Aussagen herauszufinden und schriftlich festzuhalten. In den folgenden Aufgaben lernen Sie einige Methoden der gezielten Informationsentnahme kennen.

Erste Hilfe bei Verbrennungen

Im Privatbereich und im Betrieb kommt es manchmal zu Unfällen durch Verbrennungen. Bei einer Verbrennung liegt eine Gewebeschädigung vor, die verursacht werden kann durch Kontakt mit heißem Wasser oder anderen heißen Flüssigkeiten (Verbrühung), mit Heißwasserdampf, Feuer oder elektrischem Strom.

5 Je nach der Schädigung unterscheidet man vier Verbrennungsgrade. Bei einer Verbrennung 1. Grades kommt es zu einer schmerzhaften Rötung der Oberhaut. Eine Verbrennung 2. Grades liegt vor, wenn sich Brandblasen bilden. Wenn auch die tiefer liegende Lederhaut mit ihren Blutgefäßen und Nerven beschädigt ist, handelt es sich um eine Verbrennung 3. Grades. Eine solche Verbrennung hinterlässt schwere Narben. Bei einer Verbrennung 4. Grades sind außer der Haut auch darunter liegende Muskeln,
10 größere Gefäße, sogar Knochen geschädigt.

Bei schweren Verbrennungen ist der Verletzte großen Gefahren ausgesetzt: Er kann einen Schock erleiden, der unter Umständen zum Tod führt. Die Atmung kann gestört werden. Durch Brandwunden kann es zu Infektionen kommen. Schließlich können die durch die Gewebeverbrennungen entstandenen Giftstoffe zu einer lebensbedrohenden Vergiftung führen.

15 Bei Verbrennungen sollte man folgende Hilfsmaßnahmen durchführen:

1. Von verbrühten Körperstellen müssen die Kleider entfernt werden.

2. Verbrennungen an Armen und Beinen sollen mit kaltem Wasser gekühlt werden. Auf diese Weise werden auch die sehr starken Schmerzen gelindert.

3. Offene Brandwunden müssen mit keimfreien Tüchern oder Umschlägen bedeckt werden, um die
20   Gefahr von Infektionen zu verringern.

4. Der Verletzte soll mit Decken warm gehalten werden, damit er keine Wärmeverluste erleidet.

5. Atmung und Puls müssen ständig kontrolliert werden, bei Atemstillstand muss gegebenenfalls eine Atemspende (Mund-Nase-Beatmung) durchgeführt werden.

6. Mehl, Puder, Salben, Öle u. Ä. dürfen niemals auf die Wunde aufgebracht werden.

25 7. Bei Gesichtsverbrennungen darf die Wunde nicht bedeckt und mit kaltem Wasser behandelt werden.

1 Lesen mit dem Bleistift (1. Methode)

1.1 Lesen Sie den Text über Verbrennungen aufmerksam durch und unterstreichen Sie nach den Beispielen in den Zeilen 1–6 mit dem Bleistift oder Farbstift (radierbar!) wichtige Aussagen. Markieren Sie nicht zu viel, da sonst der Zweck der Unterstreichung, Wichtiges hervorzuheben, nicht erreicht wird.

1.2 Lesen Sie die unterstrichenen Textstellen laut und prüfen Sie, ob diese bei Ihnen mit klaren Vorstellungen verbunden sind. (Wenn nicht, haben Sie bei der betreffenden Unterstreichung einen Fehler gemacht, den Sie verbessern sollten.)

Einem Text Informationen entnehmen 1

2 Kernaussagen formulieren (2. Methode)

Dieser Methode geht gewöhnlich das Unterstreichen voraus. Formulieren Sie mithilfe der Unterstreichungen von Aufgabe 1 die Kernaussagen des Textes in Satzform oder in sinnvollen Stichworten.

Erste Hilfe bei Verbrennungen

1 Verbrennungen verursachen Gewebeschädigungen.
2 Man unterscheidet vier Verbrennungsgrade:
   2.1 Verbrennung 1. Grades: Rötung der Haut
   2.2 _____
   2.3 _____
   2.4 _____
3 _____
4 _____
   4.1 _____
   4.2 _____
   4.3 _____
   4.4 _____
   4.5 _____
   4.6 _____
   4.7 _____

3 Fragen an den Text (3. Methode)

Eine weitere Möglichkeit, die wesentlichen Aussagen eines Textes zu erfassen, besteht darin, dass wir die Fragen aufspüren, die der Verfasser beantworten will. Der Text „Erste Hilfe bei Verbrennungen" besteht gedanklich aus vier größeren Teilen. Formulieren Sie für die ersten drei Absätze jeweils die wesentliche Frage und wandeln Sie beim vierten Absatz (Maßnahmen) jede einzelne Maßnahme (1–7) in eine Frage um. Es ergibt sich dann folgendes Schema:

1 _____
2 _____
3 _____
4 _____
   4.1 _____
   4.2 _____
   4.3 _____
   4.4 _____
   4.5 _____
   4.6 _____

4 Mündlicher Ausdruck

Beantworten Sie die Fragen von Aufgabe 3 mündlich in ganzen Sätzen.

Alkohol – eine harmlose Droge?

Für viele Menschen in unserer Gesellschaft ist Alkohol aus dem täglichen Leben nur schwer wegzudenken. Bei vielen Gelegenheiten gehört er – so scheint es – einfach dazu. Kleine und große Anlässe, Feste, Feiern, Geselligkeit, Mahlzeiten und Fernsehabende – „Prozente" sind fast ausnahmslos mit im Spiel. Schön, wenn dabei nur genussvoll getrunken wird: mäßig, mit Bedacht, Schluck für Schluck. Denn mit Alkohol ist nicht zu spaßen: Medizinisch gesehen ist er ein Narkosegift. Übermäßiges Trinken führt zu gesundheitlichen Schäden bis hin zur Sucht.

Stellen Sie sich doch einmal vor, Alkohol hätte nicht eine so lange geschichtliche Tradition, sondern wäre gerade eben neu erfunden worden und sollte nun als neues Lebens- und Genussmittel zugelassen werden. Dieses Genussmittel hätte keine Chance! Das Bundesgesundheitsamt müsste auf jeden Fall wegen der schon bisher nachgewiesenen gesundheitlichen Risiken die Zulassung verweigern. Das Gleiche gilt übrigens für Nikotin.

Alkohol ist nicht nur für viele Erwachsene ein Problem. Immer häufiger machen schon Kinder und Jugendliche erste Erfahrungen mit dieser Alltagsdroge. Auch hier sind die Ursachen unterschiedlich: Probleme in der Schule, mit den Eltern, Pubertätsschwierigkeiten und Minderwertigkeitsgefühle sind hier nur einige Stichworte. Auch der Gruppenzwang in der Clique spielt eine große Rolle. Wer etwas verträgt, wird anerkannt, wer nicht mittrinkt, wird schnell als „Schlappschwanz" ausgelacht. Alkohol ist für viele Jugendliche ein Symbol für Erwachsensein, Stärke und Überlegenheit, sein Konsum wird zum Imponiergehabe.

Der Genuss von Alkohol bringt Wirkungen auf Körper und Seele mit sich, die zu Beginn meist als angenehm empfunden und deshalb oft beabsichtigt werden:

- Man wird redefreudiger, heiterer; Müdigkeit und Gereiztheit verschwinden.
- Schüchterne trinken sich Selbstbewusstsein an. Hemmungen lassen nach, man lässt sich leichter gehen, kommt aus sich heraus.
- Alkohol macht kontaktfreudig. Einsame Menschen trinken „zur Aufmunterung". Das macht es leichter, auf den anderen zuzugehen, Anschluss zu finden.
- Wer mit Problemen zu kämpfen hat, findet durch Alkoholgenuss die Möglichkeit, „alles zu vergessen".
- Langeweile und Eintönigkeit werden „zugeschüttet".

Diese wenigen Beispiele stehen stellvertretend für viele Situationen, in denen Alkohol als „Krücke", als Problemlöser eingesetzt wird. Wer aus solchen Gründen trinkt, verliert die Fähigkeit, zu genießen und Maß zu halten, und konsumiert meist mehr, als er verträgt.

Es gibt eine Reihe von Einrichtungen, an die Sie sich wenden können, wenn der Alkohol zum Problem wird für Sie oder Ihre Angehörigen. Dazu gehören u. a.:

Al-Anon Familiengruppen
Emilienstraße 4
45128 Essen
Tel.: 02 01 / 77 30 07
E-Mail: zdb@al-anon.de
www.al-anon.de

**Anonyme Alkoholiker
Interessengemeinschaft e.V.**
Postfach 460 227
80910 München
Tel.: 089 / 31 69 50 - 0
E-Mail: aa-kontakt@anonyme-alkoholiker.de
www.annyme-alkoholiker.de

Jugendwerk des Blauen Kreuzes
Freiligrathstraße 27
42289 Wuppertal
Tel.: 02 02 / 6 20 03 - 0
E-Mail: jugend@blaues-kreuz.de
www.jugend.blaues-kreuz.de

Einem Text Informationen entnehmen 2

1 Unterstreichen

1.1 Lesen Sie den Text „Alkohol – eine harmlose Droge?" aufmerksam durch und unterstreichen Sie nach dem Beispiel am Anfang des Textes mit dem Bleistift oder Farbstift (radierbar!) wichtige Aussagen. Markieren Sie nicht zu viel, da sonst der Zweck der Unterstreichung, Wichtiges hervorzuheben, verloren geht.

1.2 Lesen Sie die unterstrichenen Textstellen laut und prüfen Sie, ob sich diese bei Ihnen mit klaren Vorstellungen verbinden. (Wenn nicht, haben Sie bei der betreffenden Unterstreichung einen Fehler gemacht, den Sie verbessern sollten.)

2 Kernaussagen formulieren

Formulieren Sie mithilfe der Unterstreichungen von Aufgabe 1 die Kernaussagen des Textes in Satzform oder in sinnvollen Stichworten. Sie können dabei auch mehrere Unterstreichungen zusammenfassen. Nummerieren Sie die einzelnen Aussagen.

Alkohol – eine harmlose Droge?
1
2
3
4

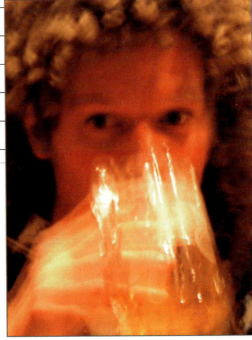

Alkohol benebelt

3 Kurzreferat

Halten Sie mithilfe der bei Aufgabe 2 erarbeiteten Stichworte bzw. Sätze ein kurzes Referat zum Thema „Ursachen und Folgen des Alkoholkonsums".

Soziales Jahr für junge Frauen?

Immer wieder taucht in den Medien die Forderung einzelner Politiker auf, junge Frauen zum Dienst an der Allgemeinheit für einen bestimmten Zeitraum gesetzlich zu verpflichten. Es ist dabei gedacht, sie in sozialen Einrichtungen, wie z. B. Kindergärten, Krankenhäusern oder Altenheimen, einzusetzen. Dieses sog. soziale Jahr ist allerdings umstritten. Was spricht für und gegen eine solche Verpflichtung junger Frauen?

Mit der Einführung eines sozialen Jahres könnte der Personalmangel in vielen sozialen Einrichtungen gelindert werden. Junge Frauen sind ohne viel Aufwand bei leichter erlernbaren Arbeiten einsetzbar und entlasten damit die Fachkräfte. Ein solcher Einsatz junger Frauen stellt außerdem eine kostengünstige Lösung dar, da sie ähnlich wie wehrpflichtige junge Männer nur eine geringe Entlohnung erhalten würden. Damit sind wir beim dritten Argument angelangt: Wenn Mann und Frau gleichberechtigt sind, so folgt daraus, dass nicht nur junge Männer als Wehrpflichtige oder Zivildienstleistende für eine gewisse Zeit der Allgemeinheit dienen sollen, sondern auch junge Frauen. Das soziale Jahr könnte manchem Mädchen aber auch bei der Berufsentscheidung helfen. Wer in einem sozialen Beruf längere Zeit mitarbeitet, lernt die Licht- und Schattenseiten einer sozialen Tätigkeit kennen und erfährt dabei auch, ob er für einen sozialen Beruf geeignet und willens ist. Die Tätigkeit im sozialen Bereich kann Mädchen auch helfen, sich auf eine künftige Rolle als Hausfrau und Mutter vorzubereiten, wozu z. B. die Pflege eines Kranken gehört. Schließlich sollte nicht vergessen werden, dass der Umgang mit hilfsbedürftigen Menschen dem Hilfeleistenden auch seelisch etwas geben kann: Er lernt eine ihm häufig unbekannte Welt des Leids und der Not kennen, die ihn innerlich reifen lässt.

Die Gegner des sozialen Jahres argumentieren, dass damit junge Mädchen vor allem als billige Arbeitskräfte ausgenützt würden. Es gehe nicht an, dass der Mangel an Fachpersonal, der seinen Grund hauptsächlich in der zu geringen Bezahlung habe, durch junge Frauen ausgeglichen werde, die dafür nur ein Taschengeld erhielten. Der Umgang mit Menschen, besonders Alten, Kindern und Kranken, verlangt außerdem ein besonderes Einfühlungsvermögen. Wer „zwangsverpflichtet" lustlos sein gefordertes Arbeitspensum herunterspult, kann bei den Betroffenen mehr Schaden anrichten als ihnen Hilfe geben. Mit dem eben Gesagten hängt ein weiteres Argument zusammen: Soziale Dienste sollten nicht auf Zwang beruhen. Alten, Kranken, Kindern wirklich helfen erfordert Zuneigung zu ihnen und diese kann nicht aus Zwang erwachsen. Die Befürworter des sozialen Jahres – es sind sehr häufig Männer – sollten vor allem aber nicht übersehen, dass die Frauen in unserer Gesellschaft immer noch erheblich benachteiligt sind. Man denke nur daran, dass Frauen beispielsweise bei gleicher Tätigkeit oft weniger bezahlt bekommen und erheblich geringere berufliche Aufstiegschancen haben als Männer. Warum sollten Frauen jetzt plötzlich „gleichberechtigt" mit den wehrpflichtigen Männern werden?

Gerade das letzte Argument erscheint mir besonders stichhaltig, sodass ich einer Ablehnung des sozialen Jahres zuneige. Allerdings könnte ich mir vorstellen, arbeitslose junge Frauen zu derartigen Diensten heranzuziehen, solange im Sozialbereich ein Personalnotstand herrscht. Dabei müsste jedoch die Entlohnung über dem jeweiligen Niveau des Arbeitslosengeldes liegen.

Argumentieren – Pro und kontra 1

1 Gliedern

1.1 Der Text über das soziale Jahr für junge Frauen besteht aus drei Teilen: Einleitung (A), Hauptteil (B) und Schlussteil (C). Schreiben Sie die drei Buchstaben A, B und C an den Anfang der entsprechenden Teile.

1.2 Der Hauptteil des Textes zerfällt in zwei größere Teile: in Argumente für das soziale Jahr (1) und in Argumente dagegen (2). Schreiben Sie die Ziffern 1 und 2 an den Anfang der entsprechenden Teile.

1.3 Teil B1 baut sich aus sechs Argumenten auf, Teil B2 aus vier Argumenten. Kennzeichnen Sie diese Argumente im Text mit Ziffern von 1.1–1.6 bzw. 2.1–2.4.

2 Argumente in Stichworten

Fassen Sie in stichwortartigen Überschriften die Argumente für und wider das soziale Jahr zusammen.

B1: Argumente für das soziale Jahr	B2: Argumente gegen das soziale Jahr
1.1	2.1
1.2	2.2
1.3	2.3
1.4	2.4
1.5	
1.6	

3 Persönliche Stellungnahme

Der Verfasser des Textes gibt im Schlussteil C seine persönliche Meinung wieder. Formulieren Sie Ihre Stellungnahme zum sozialen Jahr für Mädchen.

4 Kurzreferat

Halten Sie mithilfe der Gliederung von Aufgabe 2 ein Kurzreferat zum Thema: Pro und kontra ein soziales Pflichtjahr für junge Frauen.

5 Verbindung von Gedanken

Die einzelnen Argumente der Teile B1 und B2 sind im Aufsatz durch Bindewörter oder verbindende Ausdrücke aneinandergefügt. Unterstreichen Sie diese.

Argumentieren – Pro und kontra 1

6 Verkürzte Nebensätze

a) Manche Politiker fordern, dass junge Frauen gesetzlich zum Dienst in sozialen Einrichtungen verpflichtet werden. (Hauptsatz, vollständiger Nebensatz)

b) Manche Politiker fordern(,) junge Frauen gesetzlich zum Dienst in sozialen Einrichtungen zu verpflichten. (Hauptsatz, verkürzter Nebensatz)

> ▶ Verkürzte Nebensätze wirken sprachlich flüssiger.
> ▶ Vor bzw. nach dem verkürzten Nebensatz **kann** ein Komma stehen.

Formen Sie die folgenden Sätze um, indem Sie die Nebensätze verkürzen.

a) Das Auto kann heute seinen Zweck, dass es die Insassen rasch von einem Ort zum anderen befördert, oft nicht mehr erfüllen.

b) Immer mehr Menschen verlangen, dass in den Städten dem öffentlichen Verkehr der Vorrang gegenüber dem privaten eingeräumt wird.

c) Viele Städte sind dazu übergegangen, dass der motorisierte Privatverkehr aus den Stadtkernen verbannt wird und Fußgängerzonen eingerichtet werden.

d) Die Befürchtung von Geschäftsleuten, dass sie in Fußgängerzonen Kunden verlieren, hat sich als unbegründet erwiesen.

e) Damit Autos von der Kernstadt ferngehalten werden, bieten manche Orte ihren Besuchern an, dass sie am Stadtrand parken und mit Pendelbussen, die in kurzen Abständen verkehren, ins Stadtzentrum fahren.

Argumentieren – Pro und kontra 1

7 Rechtschreiben: z - tz und k - ck

7.1 Tragen Sie folgende Worte in die Tabelle ein und ergänzen Sie dabei den z-Laut.

So__ialjahr • Arbeitseinsa__ • Pro__ent • kompli__iert • Ski__e • Verse__ung • ein__eln • S__ene • Maga__in • Pa__er • kür__en • Medi__in • Rei__ • he__en • prakti__ieren • schnäu__en • Ka__e • je__t • Kan__el • Indi__ • Schu__vorrichtung • Ra__ia • abhol__en • bei__en • Ke__er • tape__ieren • fal__en • kra__en • Instan__ • verle__en • Bol__en • Kau__

deutsche Wörter mit z	deutsche Wörter mit tz	Fremdwörter

7.2 Tragen Sie die folgenden Wörter in die Tabelle ein und ergänzen Sie dabei den k-Laut.

Politi__er • Kran__enhaus • Risi__o • Krü__e • wir__lich • Konta__t • beschrän__t • Handwer__er • Stü__ • Mas__e • Reda__teur • Dire__tor • bemer__en • a__tuell • Lo__mittel • pa__en • Pa__et • He__e • par__en • Bro__en • A__usti__ • Bor__enkäfer • Flugzeughe__ • Mathemati__ • Fal__e • sie erschre__en • sie erschra__en • Techni__er • pra__tisch • die Ha__e • der Ha__en

deutsche Wörter mit k	deutsche Wörter mit ck	Fremdwörter

7.3 Unterstreichen Sie in den Spalten mit deutschen Wörtern den z- bzw. k-Laut und den jeweils vorausgehenden Laut. Formulieren Sie nun mündlich die entsprechenden Rechtschreibregeln.

Argumentieren — Pro und kontra 2

1 Argumente sammeln und formulieren

Sehr viele Deutsche reisen während ihres Urlaubs ins Ausland. Stellen Sie in Form von knappen Sätzen einige Argumente für und gegen solche Auslandsreisen zusammen.
Die folgenden Stichworte sollen nur Gedankenanstöße sein. (Sie brauchen dabei nicht aus jedem Stichwort ein eigenes Argument zu formulieren.)

Erfahrungen • Kenntnis Deutschlands • Kilometerfresserei • Erholung • andere Lebensweise und Lebenseinstellungen • Toleranz • Kosten • Abwechslung • Verkehr • Erinnerungen • Vorbereitung • Schönheiten Deutschlands • Weltoffenheit • Sprachkenntnisse • Völkerverständigung • Massentourismus • Zerstörungen in fremden Ländern (Kultur, Landschaft)

Argumente für Auslandsreisen	Argumente gegen Auslandsreisen
1.	1.
2.	2.
3.	3.

2 Kurzreferat

Halten Sie mithilfe der gesammelten Argumente ein kurzes Referat über das Für und Wider von Reisen ins Ausland. Erläutern Sie dabei die einzelnen Argumente näher (Beispiele, Begründungen).

Argumentieren – Pro und kontra 2

3 Sprachlicher Ausdruck: „als" oder „wie"?

3.1 Ergänzen Sie die folgenden Sätze.

1. Ein Urlaub zu Hause bringt oft eine größere Erholung _____ ein Urlaub an einem fremden Ort.

2. Gruppenreisen sind nicht so teuer _____ Einzelreisen, dafür ist man bei Einzelreisen unabhängiger _____ bei Gruppenreisen.

3. In den ersten Schulferientagen ist der Verkehr auf den Autobahnen dichter _____ danach.

    Es ist deshalb nicht ratsam, bei Ferienbeginn so schnell _____ möglich aufzubrechen.

4. Vom langen Autofahren überanstrengt, sind manche Urlauber am Ende des Urlaubs erholungsbedürftiger _____ zu Urlaubsbeginn.

5. Man sollte sich fragen, ob nicht eine Reise mit dem Zug bequemer ist _____ eine Fahrt mit dem Auto. Eine Zugfahrt ist bei weitem nicht so anstrengend _____ eine Fahrt mit dem Auto.

3.2 Wenn Sie diese Sätze durchlesen, werden Sie feststellen, dass der Gebrauch von „als" und „wie" mit Eigenschaftswörtern zusammenhängt. Unterstreichen Sie diese Eigenschaftswörter im Text und leiten Sie mündlich die Regeln ab, nach denen „als" und „wie" angewendet werden.

4 Rechtschreiben: der s-Laut

Rei**ß**en Sie sich auch darum, ins Au**s**land rei**s**en zu können?

> **Regeln der s-Schreibung**
>
> ▶ 1. **ss** taucht nur **nach kurzem Selbstlaut** auf.
>   Wörter, die in ihrer Grundform mit ss geschrieben werden, behalten das ss in allen abgewandelten Formen, sofern der Selbstlaut vor dem ss kurz bleibt.
>   Beispiel: passen → das passt, pass auf, der Pass, der verpasste Zug
>
> ▶ 2. **ß** taucht nur **nach langem Selbstlaut oder Zwielaut** (au, ai, ei, eu, äu, ie) auf.
>   Wörter, die in ihrer Grundform mit ß geschrieben werden, behalten das ß in allen abgewandelten Formen, sofern der Selbstlaut vor dem ß lang bleibt bzw. der Zwielaut vor dem ß erhalten bleibt.
>   Beispiel: grüßen → er grüßte, der Gruß, grüße alle von mir
>
> ▶ 3. **s** kann **sowohl nach kurzem wie nach langem Selbstlaut oder Zwielaut** auftauchen.
>   Wörter, die in ihrer Grundform mit s geschrieben werden, behalten das s in allen abgewandelten Formen.
>   Beispiel: lesen → ich lese, sie liest, wir lasen, lies mir vor

Ergänzen Sie den s-Laut.

a) sich am Riemen rei___en, rei___ dich zusammen, er rei___t sich nicht darum;

   aber: er ri___ sich nicht darum, der Strick ist geri___en, eine ri___ige Fläche

b) ins Ausland rei___en; ich rei___e gern, sie rei___te gestern ab, eine große Rei___e

c) ha___en, er ha___t mich, der Ha___, verha___t, hä___lich, gehä___ig

d) hei___en, ich hei___e, sie hie___ ihn willkommen, verhei___ungsvoll, die Verhei___ung

e) wi___en, ich wu___te alles, du hast nichts gewu___t, bewu___t, das Bewu___tsein;

   aber: ich wei___ nichts, wei___t du etwas davon?

f) bei___en, der Hund bei___t nicht, bei___ zu, die Bei___zange;

   aber: der Hund bi___ mich, bi___ig, das Gebi___, er hat mich gebi___en

g) schlie___en, schlie___ die Tür auf, sie schlie___t nie ab, schlie___lich;

   aber: er schlo___ die Tür ab, abgeschlo___en, das Türschlo___, der Schlu___

Diskussion: Anstand – ein Auslaufmodell?

Ja sehen die denn nicht, dass die junge Mutter einen Sitzplatz braucht!

Die wissen nicht mehr, was sich gehört.

Was soll die Meckerei? Die zwei waren eben vor dieser Mutter da.

Dieselben rücksichtslosen Typen werfen auch bedenkenlos ihren Müll auf die Straße.

Ich stelle eine Verwahrlosung der Sitten fest!

Den jungen Leuten von heute fehlt es an Anstand und Rücksicht. Manche wissen nicht mal, dass man grüßt.

Da hat die Schule versagt. Dort wird den Schülern kein Anstand mehr beigebracht.

Ist doch klar. Ein Teil der heutigen Eltern hat selbst keinen Anstand. Wie sollen die dann ihren Kindern Anstand beibringen.

Eines ist klar: Anstand muss man den jungen Leuten vorleben.

Manchmal gehen mir einige von uns mit ihrem ständigen Gebrüll und ihren widerlichen Ausdrücken auf den Wecker.

Anstand und Rücksicht erleichtern das Zusammenleben.

Diese ganzen Anstandsregeln bringen doch nichts, sie sind schlicht überflüssig.

Die Schule hat die Aufgabe, die erzieherischen Mängel im Elternhaus auszugleichen.

1 Sprechanlass

Um welche Probleme kreisen alle Äußerungen?

2 Sichtweisen

Stellen Sie Vermutungen an, von welchen Personen diese Äußerungen stammen könnten.

Manche Äußerungen anderer reizen uns zum Widerspruch, sollten diskutiert werden. Das Wort „diskutieren" kommt aus dem Lateinischen und bedeutet „durcheinanderschütteln". Gemeint ist: Meinungen, Behauptungen (meist von anderen) „durcheinanderschütteln", sie prüfen, ob sie stimmen. Dabei entwickeln sich dann Rede und Gegenrede, Behauptungen und Gegenbehauptungen, Fragen, Antworten, Einwände, Zweifel. Wenn die Teilnehmer einer Diskussion respektvoll miteinander umgehen, können alle aus der Diskussion lernen. Es kommt nur selten vor, dass einer ganz Recht hat.
In manchen Fällen sorgt ein Diskussionsleiter für einen geordneten Ablauf.

Diskussion: Anstand — ein Auslaufmodell?

3 Diskutieren: Anstand

Diskutieren Sie miteinander folgende Äußerungen:

1. Jugendliche von heute wissen nicht mehr, was sich gehört.
2. Ein Teil der heutigen Eltern hat selbst keinen Anstand und kann deshalb den Kindern keinen Anstand beibringen.
3. Anstand erleichtert das Zusammenleben.
4. Die Schule tut zu wenig für die Erziehung zum Anstand.
5. Anstandsregeln sind überflüssig

4 Regeln beim Diskutieren

Wenn sich die Teilnehmer einer Diskussion nicht an bestimmte Regeln halten, verfehlt sie oft ihren Zweck: den Gedankenaustausch. Formulieren Sie solche Regeln mithilfe der folgenden Stichworte als Aufforderung.

Beispiel:

[abschweifen]   Rede nicht von Dingen, die nicht zum Thema der Diskussion gehören.

[zuhören]   _____

[auslachen)]   _____

[schreien]   _____

[beschimpfen]   _____

[unterbrechen]   _____

5 Rechtschreiben: Großschreibung von Zeitwörtern (Verben)

Zeitwort: Man sollte aus Rücksicht auf seine Mitmenschen während der Nacht nicht lärmen.
Zeitwort als Hauptwort: Das Lärmen während der Nacht kann strafrechtlich als Ruhestörung ausgelegt werden.

> ▶ Zeitwörter werden großgeschrieben, wenn sie wie Hauptwörter gebraucht werden.

Ergänzen Sie in den folgenden Sätzen die Wörter in den Klammern.

a) [benehmen]   Gutes _____ hat schon manchen bei einer Bewerbung geholfen. — Bewerber, die sich schlecht _____, haben kaum eine Chance.

b) [sprechen]   Wenn Männer mit Frauen, Älteren oder Vorgesetzten _____, gilt es als unhöflich, die Hände in die Hosentaschen zu stecken. — Beim _____ sollten wir unserem Gegenüber in die Augen schauen.

c) [anklopfen]   Wer ein fremdes Zimmer betritt, sollte vorher _____. Nach dem _____ wartet man das „Herein" ab.

d) [grüßen]   Beim _____ soll der Jüngere den Älteren zuerst _____.

e) [anbieten]   Warum sollte ein junger Mensch nicht einem älteren seinen Sitzplatz _____? Das _____ des eigenen Sitzplatzes ist ein Zeichen von Respekt und Rücksichtnahme gegenüber Frauen, alten und behinderten Menschen.

f) [essen]   Wenn wir mit dem _____ fertig sind und nichts mehr _____ wollen, legen wir Messer und Gabel nebeneinander in den Teller, nicht auf den Tisch, und bedanken uns für das _____.

Reparaturauftrag: Zeichensetzung

Franziska Polanski
Roh

Eine Kuh, die im Schlachthof von S. zur Schlachtbank geführt wurde, ist plötzlich, als sich in ihr Blickfeld die hell hereinstrahlende Freiheit eines offenen Schlachthoftores schob, aus der Reihe der wehrlos dahintrottenden Rinder ausgebrochen und durch das offene Tor nach draußen entflohen wobei sie in ihrer Todesangst einfach kilometerweit auf den vom Schlachthof wegführenden Bahngleisen entlanggerast ist. Sechs Metzger haben sofort in ihren blutigen Gummistiefeln und in ihren langen Metzgerschürzen die Verfolgung des Tieres aufgenommen und rasten wobei sie immer wieder über ihre Metzgerschürzen stolperten hinter dem Tier her. Über Kilometer konnte man das Bild der auf den Bahngleisen vorausrasenden Kuh und der ihr folgenden stolpernden Metzger sehen bis der Güterzug 124 der jeden Morgen vierhundert Schweine zum Schlachthof bringt um 9 Uhr 44 planmäßig sich näherte und zuerst die Kuh und anschließend die sechs Metzger ohne einen Bremsversuch überfuhr. Nach diesem Unglück sagte der Vorsitzende der Metzgerinnung es sei bedauerlich dass gleichzeitig sechs Metzger überfahren worden seien die ein überdurchschnittliches Talent zum Schlachten besessen hätten. Der Bauer sagte er fordere für die Kuh eine Entschädigung in Höhe des Kilofleischpreises. Und der Lokführer sagte dass auf den Schienen weder eine Kuh noch sechs Metzger etwas zu suchen hätten.

3
1
1
2
2
1
2
1
1
1

Woran mag es liegen, dass Sie sich beim Lesen dieser Geschichte schwer taten?

1 Das Komma bei Haupt- und Nebensätzen

Die wichtigsten Kommaregeln haben Sie auf Seite 28 geübt. Mit der Regel „Das Komma steht zwischen Haupt- und Nebensatz" und der Regel „Das Komma steht zwischen Nebensätzen" können Sie viele Kommaprobleme lösen. Allerdings müssen Sie wissen, was ein Hauptsatz (HS) und was ein Nebensatz (NS) ist, damit Sie die Regeln richtig anwenden können.

> ▶ **Einfache Kennzeichen des Hauptsatzes (HS):**
>   – Er kann allein stehen: Tim lacht über jeden Witz. (HS)
>   – Seine Satzaussage steht bei mehrgliedrigen Sätzen im Satzinnern: Tim lacht über jeden Witz. (HS)
> ▶ **Einfache Kennzeichen des Nebensatzes (NS):**
>   – Er ist von einem HS abhängig und gibt allein keinen Sinn: … selbst wenn er ihn nicht schnallt. (NS)
>   – Seine Satzaussage steht im Allgemeinen am Satzende: … selbst wenn er ihn nicht schnallt. (NS)
>
> Werden HS und NS zusammengefügt, handelt es sich um ein **Satzgefüge**. Im Satzgefüge kann der NS *hinter*, *vor* oder *innerhalb* des HS stehen.
> Beispiele:
> Tim lacht lauthals über jeden Witz (HS), selbst wenn er ihn nicht schnallt (NS).
> Selbst wenn Tim einen Witz nicht schnallt (NS), lacht er lauthals darüber (HS).
> Tim lacht (HS/Teil 1), selbst wenn er einen Witz nicht schnallt (NS), lauthals darüber (HS/Teil 2).
>
> **Satzgefüge mit zwei NS (NS 1. Grades und NS 2. Grades):**
> Tim lacht, selbst wenn er einen Witz, der ihm erzählt wird (= 2. NS), nicht schnallt, lauthals darüber.

1.1 Unterstreichen Sie die Hauptsätze in der Geschichte von Franziska Polanski.

1.2 Setzen Sie die fehlenden Kommas. Am Zeilenende ist die Anzahl der Kommas der jeweiligen Zeile angegeben.

Reparaturauftrag: Zeichensetzung

2 Zeichen bei der wörtlichen Rede

Die Zuschauer schreien: „Foul, foul!" Der Mittelstürmer humpelt vom Platz.
„Hat's dein Bein schlimm erwischt?", fragt der Trainer besorgt.
„Nein", erwidert der Spieler, „'s ist nur eingeschlafen."

> Es gibt folgende Möglichkeiten, bei einer wortgetreu wiedergegebenen Äußerung (direkte oder wörtliche Rede) Zeichen zu setzen:
>
> a) Begleitsatz: „Wörtliche Rede./?/!"
>   Der Spatz schrie: „Jetzt geht's rund!" Dann flog er in den Ventilator.
>
> b) „Wörtliche Rede", Begleitsatz.   ▶ Kein Punkt vor dem oberen Anführungszeichen!
>   „Ich bin zutiefst gerührt", sprach der Teig.
>   „Wörtliche Rede?/!", Begleitsatz.
>   „Hier gibt es viel zu tun!", rief der Arbeitsscheue begeistert und machte sich aus dem Staub.
>
> c) „Wörtliche Rede/1. Teil?/!", Begleitsatz, „wörtliche Rede/2. Teil./?/!"
>   „Chirurgen tragen Gummihandschuhe", bemerkte die erfahrene OP-Schwester, „um keine Fingerabdrücke zu hinterlassen."

2.1 Unterstreichen Sie in den folgenden Witzchen die wörtliche Rede mit durchgehendem Strich, den Begleitsatz mit Strichlinie.

2.2 Setzen Sie danach die Satzzeichen.

Sie ruft   Das Motorrad ist kaputt. Es hat Wasser im Vergaser   Er erwidert   Wasser im Vergaser? Das ist doch lächerlich   Sie beharrt fest darauf   Ich sag dir, das Motorrad hat Wasser im Vergaser   Du weißt doch nicht mal   spottet er   was ein Vergaser ist! Ich werde mal danach schauen. Wo ist das Motorrad?   Sie zeigt nach links   Im Weiher

Beim Skilaufen stoßen zwei zusammen und verheddern sich.   Hilfe   ruft der eine   ich habe in meinem Bein kein Gefühl mehr   Kein Wunder   sagt der andere   wenn du mich immer in meines zwickst

In der Bank hebt ein Mann 1 000 Euro in 50-Euro-Scheinen ab. Vorsichtshalber zählt er das Geld nach   50-100-150-200-250…   Bei 500 hört er auf.   Warum zählen Sie denn nicht weiter   fragt der Kassierer.   Och   meint der Kunde   wenn es bis dahin stimmt, dann ist der Rest sicher auch in Ordnung

Der Arzt wird mitten in der Nacht gerufen. Er untersucht den Patienten und fragt   Haben Sie schon Ihr Testament gemacht   Nein, Herr Doktor, ist es denn wirklich so schlimm   Der Arzt ganz leise   Lassen Sie einen Notar kommen und rufen Sie sofort Ihre nächsten Verwandten   Heißt das, dass es mit mir zu Ende geht   Das nicht   meint der Arzt   aber ich will nicht der Einzige sein, der mitten in der Nacht wegen nichts und wieder nichts aus dem Bett geholt wird

Fabel

Gotthold Ephraim Lessing (1729–1781)

Der Wolf und der Schäfer

Ein Schäfer hatte durch eine grausame Seuche seine ganze Herde verloren. Das erfuhr der Wolf und kam, um sein Beileid abzustatten.

„Schäfer", sprach er, „ist es wahr, dass dich ein so
5 grausames Unglück betroffen? Du bist um deine ganze Herde gekommen? Die liebe, fromme, fette Herde! Du dauerst mich und ich möchte blutige Tränen weinen."

„Hab Dank, Meister Isegrim", versetzte der Schäfer. „Ich sehe, du hast ein sehr mitleidiges Herz."

„Das hat er auch wirklich", fügte des Schäfers Hasso
10 hinzu, „sooft er unter dem Unglück seines Nächsten selbst leidet."

1 Eigenschaften der Sprechenden

Jede der drei Figuren spricht in dieser Situation aus einer anderen Einstellung heraus. Charakterisieren Sie diese mit Eigenschaftswörtern.

Wolf	Schäfer	Hund

2 Absichten des Fabeldichters

2.1 Lessings „Wolf und der Schäfer" ist eine Fabel. In dieser dichterischen Kleinform verbirgt sich die wahre Aussageabsicht des Dichters hinter einem unrealistischen, oft märchenhaften Äußeren.

Was ist unrealistisch an der Fabel?

___

Was will Lessing mit dieser Fabel in Wirklichkeit sagen?

___

2.2 Warum sagt der Dichter seinen Lesern nicht unmittelbar und unverhüllt, was er meint? Diskutieren Sie die folgenden Antworten und kreuzen Sie die richtigen an.

○ Der Dichter möchte seine Leser raten lassen, was er wirklich meint. Dieses Ratespiel soll sein Lesepublikum unterhalten.

○ Er möchte dem Leser eine Lehre erteilen. Er glaubt, dies eher in einer gleichnishaften „Verpackung" erreichen zu können als mit „erhobenem Zeigefinger".

○ Er will den Menschen einen unaufdringlichen Spiegel vorhalten, in dem sie ihre Schwächen erkennen können.

○ Der Dichter will den Lesern Tiere nahe bringen.

Fabel

3 Aus der Fabel lernen

Johann Friedrich August Kazner (1732–1798)

Die Bienen und der Bär

Hundertmal schon war ein Bär bei einem Bienenstock vorbeigetrabt, als ihn endlich eine der Wache habenden Bienen erblickte und zu ihren Mitbürgern sagte: „Meine Freunde! Es wird von dem Bären unserm Honig nachgestellt. Lasset uns auf der Hut sein!"

Da nun der Bär wieder vorüberkam, zog der ganze Schwarm heraus und umflog den Korb mit einem fürchter-
5 lichen Gesumse.

„Was gibt es hier Neues?", fragte der Bär. „Ha!", versetzte eine der kühnsten, „wir wissen wohl, worauf du ausgehst. Du willst unsern gesammelten Honig stehlen. Aber wir sind nicht so dumm, uns überfallen zu lassen." –
„So! Honig habt ihr", sagte der Bär, warf den Stock um und fraß den Honig.

3.1 Welche Eigenschaften schreibt Kazner in seiner Fabel

— den Bienen zu? _____

— dem Bären zu? _____

3.2 Welche Lehre kann der Leser aus dieser Fabel ziehen?

_____

_____

4 Eigenschaften und Tiere

4.1 Tiere versinnbildlichen in Fabeln menschliche Eigenschaften. Ergänzen Sie die Tabelle.

	Eigenschaftswort (Adjektiv)	Hauptwort (Substantiv)
Löwe		
Fuchs		
Esel		
Schlange		
Bär		
Wolf		
Biene		
Pfau		
Hahn		
Hase		

4.2 Die Verbindung von menschlichen Eigenschaften mit Tieren drückt sich in unserer Sprache auch direkt aus: Wir sagen z. B. von einem körperlich starken Menschen, er sei „bärenstark".
Sammeln Sie solche bildhaften Eigenschaftswörter.

bärenstark, _____

_____

4.3 Manche Tiernamen werden auch als Schimpfwörter missbraucht („du dumme Gans").
Suchen Sie solche Beschimpfungen nur mündlich.

5 Diskussion

Diskutieren Sie mit Ihren Mitschülerinnen und Mitschülern,
— welche Gründe vorliegen können, dass Tieren bestimmte Eigenschaften zugeordnet werden,
— ob diese Zuordnungen berechtigt sind.

Anekdote 1

Johann Peter Hebel
Dankbarkeit

In der Seeschlacht von Trafalgar, während die Kugeln sausten und die Mastbäume krachten, fand ein Matrose noch Zeit, sich zu kratzen, wo es ihn biss, nämlich auf dem Kopf. Auf einmal streifte er mit zusammengelegtem Daumen und Zeigefinger bedächtig an einem Haar herab und ließ ein armes Tierlein, das er zum Gefangenen gemacht hatte, auf den Boden fallen. Aber indem er sich niederbückte, um ihm den Garaus zu machen, flog eine feindliche Kanonenkugel ihm über den Rücken weg, paff, in das benachbarte Schiff. Da ergriff den Matrosen ein dankbares Gefühl und überzeugt, dass er von dieser Kugel wäre zerschmettert worden, wenn er sich nicht nach dem Tierlein gebückt hätte, hob er es schonend vom Boden auf und setzte es wieder auf seinen Kopf. „Weil du mir das Leben gerettet hast", sagte er, „aber lass dich nicht zum zweiten Mal erwischen, denn ich kenne dich nimmer."

Johann Peter Hebel (1760–1826) war ein Volksdichter, der als evangelischer Geistlicher am Oberrhein lebte. Im „Schatzkästchen des Rheinischen Hausfreundes" sind seine hochdeutsch geschriebenen Kalendergeschichten zusammengefasst. Diese anekdotischen Kurzerzählungen haben durch ihre Schlichtheit, ihren Humor und ihre Sprachkraft ihre Beliebtheit bis heute bewahrt.

1 Arbeit am Text

Beantworten Sie die folgenden Fragen zum Text.

1. Wann war die Seeschlacht von Trafalgar und welche Parteien kämpften dort gegeneinander? (Lexikon oder Internet benutzen!)

____

2. Welches Tier fängt der Matrose?

____

3. Der Matrose sagt zu dem gefangenen Tierlein: „Lass dich nicht zum zweiten Mal erwischen, denn ich kenne dich nimmer." Wie ist diese Aussage zu verstehen?
   - ○ als versteckte Drohung
   - ○ Da noch mehr solcher Tierlein auf seinem Kopf sind, kann er das eine nicht mehr von den anderen unterscheiden.

4. Welche Aussage kommt dem Sinn der Hebelschen Anekdote am nächsten?
   - ○ Man soll kein Tier töten, es könnte einem einmal nützlich sein.
   - ○ Kleine Ereignisse haben oft große Wirkungen.
   - ○ Der Krieg hat auch seine spaßigen Seiten.

2 Gliedern

2.1 Die Anekdote lässt sich in drei Teile gliedern. Schreiben Sie die Ziffern 1-3 an den Anfang der entsprechenden Teile.

2.2 Stellen Sie die Gliederung auf, indem Sie jeden der drei Teile in einem knappen Satz zusammenfassen.

1. ____
2. ____
3. ____

Anekdote 1

3 Nacherzählen

Erzählen Sie anhand der Gliederung die Anekdote nach. Gebrauchen Sie dabei Ihre eigenen Worte.

▶ Neben der dichterischen Anekdote, wie sie z. B. Johann Peter Hebel schreibt, gibt es die einfache Anekdote, die oft nur mündlich erzählt und erst später aufgeschrieben wird. Sie rankt sich um bekannte Persönlichkeiten (z. B. Künstler, Politiker) und wird deshalb auch Personenanekdote genannt.

Der Schauspieler Heinz Rühmann (1902–1994) soll sich für eine Filmaufnahme neben einen Löwen setzen und dessen Mähne streicheln. Der Dompteur versichert ihm: „Keine Angst, der beißt nicht, den hab´ ich selber mit Milch aufgezogen." Rühmann: „Ich war auch ein Flaschenkind und heute schmecken mir Steaks."

Der englische Schauspieler Barry Sullivan (19. Jh.) muss als Richard III. im gleichnamigen Drama Shakespeares auf der Bühne rufen:

4 Arbeit am Text

4.1 Worin besteht die Pointe, der Witz, bei den beiden Anekdoten?

Rühmann-Anekdote: _____

_____

_____

Sullivan-Anekdote: _____

_____

_____

4.2 Welche Charaktereigenschaften der beiden Hauptpersonen blitzen in den knappen Aussagen auf?

_____

5 Absicht des Anekdotenschreibers

Welche Aussagen zur Anekdote treffen zu?

○ Anekdoten sollen eine größere Erzählung auflockern.
○ Anekdoten wollen in knapper Form geistreich und witzig unterhalten.
○ Dichterische Anekdoten wollen kleine Lebensweisheiten vermitteln.
○ Personenanekdoten wollen eine wichtige Situation aus dem Leben einer bedeutenden Persönlichkeit schildern.
○ Anekdoten enden mit einer Pointe.

Jeremias Gotthelf
Das Testament

Schon manche haben einige bei dem Tod eines Menschen wohl angewandte Minuten wohlhabend gemacht. Die Erben sind oft nicht gleich bei der Hand und wer sich nicht fürchtet, aus dem noch nicht erkalteten Hosensack die Schlüssel zu nehmen, kann bis zu ihrer Ankunft viel auf die Seite schaffen. Fatal[1] ist's, wenn der Verstorbene so plötzlich von hinnen gerufen wird, dass er für die, welche zunächst um ihn sind, nicht testamentlich sorgen konnte, und das geschieht oft; denn solche Leute testieren[2] nicht gerne, sie hoffen noch der Tage viel.

Aber auch da wussten sich einmal schlaue Leute wohl zu helfen. Sie schleppten den Gestorbenen in eine Rumpelkammer und in das noch nicht erkaltete Bett legten sie einen vertrauten Knecht, setzten ihm die Nachtkappe des Verstorbenen auf und liefen nach Schreiber und Zeugen. Schreiber und Zeugen setzten sich an den Tisch am Fenster, rüsteten das Schreibzeug und probierten, ob guter Wein in den weißen Kannen sei. Unterdessen ächzet und stöhnt es im dunklen Hintergrund hinter dem dicken Vorhang und eine schwache Stimme frägt, ob der Schreiber nicht bald fertig sei – es gehe nicht mehr lang mit ihm. Der Schreiber nimmt hastig das Glas vom Munde und dagegen die Feder und lässt diese flüchtig übers Papier gleiten, aber immer halb links schauend, wo das Glas steht.

Da diktiert leise und hustend die Stimme hinter dem Umhange das Testament und der Schreiber schreibt und freudig hören die Anwesenden, wie sie Erben würden von vielem Gut und Geld. Aber blasser Schrecken fährt über ihre Gesichter und faustdicke Flüche quellen ihnen im Halse, als die Stimme spricht: „Meinem getreuen Knecht aber, der mir so viele Jahre treu gedient hat, vermache ich 8 000 Pfund." Der Schalk im Bette hatte sich selbst nicht vergessen und bestimmte sich selbst seinen Lohn für die gut gespielte Rolle.

Albert Bitzius, der sich den Dichternamen **Jeremias Gotthelf** gab, lebte von 1797 bis 1854. Von Beruf evangelischer Landpfarrer im Kanton Bern, handeln seine Werke fast ausschließlich von einfachen Leuten.

1) verhängnisvoll, peinlich   2) ein Testament errichten

1 Arbeit am Text

Beantworten Sie folgende Fragen an den Text.

1. Die Handlung spielt in einer eigentlich traurigen Situation. Wodurch wird die Beklommenheit des Augenblicks beim Leser weitgehend aufgehoben?

a) _____

b) _____

2. Weshalb kümmern sich Schreiber und Zeugen nicht weiter um den „Sterbenden"?

_____

3. Weshalb „quellen" den Hinterbliebenen die Flüche nur im Hals?

_____

4. Was kritisiert Jeremias Gotthelf in dieser Anekdote?

_____

Anekdote 2

2 Ironie

„Manche haben wohl angewandte Minuten wohlhabend gemacht."

Mit dieser Formulierung verschleiert der Dichter ironisch (= spöttisch), was er meint. Schreiben Sie den Satz als sachliche Feststellung und drücken Sie das Gemeinte unverblümt aus.

_____

3 Gliederung

Fassen Sie jeden Abschnitt der Anekdote in einem Satz zusammen.

1. _____

2. _____
   _____

3. _____

4 Wortfelder: reich – arm – schlau – dumm

Ordnen Sie folgende Eigenschaftswörter in die Spalten ein.

vermögend • gerissen • bedürftig • töricht • einfältig • besitzlos • gerieben • begütert • mittellos • gewieft • naiv • wohlhabend • besitzend • vertrottelt • verarmt • durchtrieben • abgebrannt • verschlagen • wohlsituiert • beschränkt • betucht • blank • listig • unbegabt • begriffsstutzig • borniert • pfiffig • verschmitzt • pleite • notleidend • zahlungskräftig • bemittelt.

reich	arm	schlau	dumm

5 Treffendes Wort

5.1 Setzen Sie das treffende Wort aus Aufgabe 4 ein.

a) Der _____ ist allen Geschäftsleuten der liebste Kunde.

b) Der _____ lässt sich von der irrigen Meinung nicht abbringen.

c) Der _____ denkt wehmütig an seinen früheren Besitz.

d) Der _____ Verkäufer redete dem Kunden ein teures Gerät auf.

e) Die _____ Opfer des Erdbebens haben bisher nur wenig Hilfe erfahren.

f) Das _____ Kind überredete seinen Vater, ihm Inlineskates zu kaufen, weil es dann alles schneller erledigen könne.

5.2 Welche Regel gilt für die Rechtschreibung in den Sätzen a – c?

▶ Das Eigenschaftswort wird großgeschrieben, wenn ihm ein _____ vorausgeht und es keine Beifügung zu einem _____ ist.

ERNEST HEMINGWAY
Alter Mann an der Brücke

Ein alter Mann mit einer Stahlbrille und sehr staubigen Kleidern saß am Straßenrand. Über den Fluss führte eine Pontonbrücke und Karren und Lastautos und Männer, Frauen und Kinder überquerten sie. Die Maultierkarren schwankten die steile Uferböschung hinter der Brücke hinauf und Soldaten halfen und stemmten sich gegen die Speichen der Räder. Die Lastautos arbeiteten schwer, um aus alledem herauszukommen, und die Bauern stapften in dem knöcheltiefen Staub einher. Aber der alte Mann saß da, ohne sich zu bewegen. Er war zu müde, um noch weiter zu gehen. Ich hatte den Auftrag, über die Brücke zu gehen, um den Brückenkopf auf der anderen Seite auszukundschaften und ausfindig zu machen, bis zu welchem Punkt der Feind vorgedrungen war. Ich tat das und kehrte über die Brücke zurück. Jetzt waren dort nicht mehr so viele Karren und nur noch wenige Leute zu Fuß, aber der alte Mann war immer noch da.

„Wo kommen Sie her?", fragte ich ihn.

„Aus San Carlos", sagte er und lächelte.

Es war sein Heimatort und darum machte es ihm Freude, ihn zu erwähnen, und er lächelte.

„Ich habe Tiere gehütet", erklärte er.

„So", sagte ich und verstand nicht ganz.

„Ja", sagte er, „wissen Sie, ich blieb, um die Tiere zu hüten. Ich war der Letzte, der die Stadt San Carlos verlassen hat."

Er sah weder wie ein Schäfer noch wie ein Rinderhirt aus und ich musterte seine staubigen, schwarzen Sachen und sein graues, staubiges Gesicht und seine Stahlbrille und sagte: „Was für Tiere waren es denn?"

„Allerhand Tiere", erklärte er und schüttelte den Kopf. „Ich musste sie dalassen." Ich beobachtete die Brücke und das afrikanisch aussehende Land des Ebro-Deltas und war neugierig, wie lange es jetzt wohl noch dauern würde, bevor wir den Feind sehen würden, und ich horchte die ganze Zeit über auf die ersten Geräusche, die immer wieder das geheimnisvolle Ereignis ankündigen, das man ‚Fühlung nehmen' nennt, und der alte Mann saß immer noch da.

Ernest Hemingway, amerikanischer Schriftsteller (1899–1961), nahm als Berichterstatter am spanischen Bürgerkrieg (1936–1939) aufseiten der Republikaner gegen die faschistischen Truppen des Generals Franco teil. 1954 Literatur-Nobelpreis. Seine berühmtesten Romane:
Fiesta
In einem anderen Land
Wem die Stunde schlägt
Der alte Mann und das Meer
Zahlreiche Kurzgeschichten.

„Was für Tiere waren es?", fragte ich.

„Es waren im Ganzen drei Tiere", erklärte er. „Es waren zwei Ziegen und eine Katze und dann noch vier Paar Tauben."

„Und Sie mussten sie dalassen?", fragte ich.

„Ja, wegen der Artillerie. Der Hauptmann befahl mir, fortzugehen wegen der Artillerie."

„Und Sie haben keine Familie?", fragte ich und beobachtete das jenseitige Ende der Brücke, wo ein paar letzte Karren den Uferabhang hinunterjagten.

„Nein", sagte er, „nur die Tiere, die ich angegeben habe. Der Katze wird natürlich nichts passieren. Eine Katze kann für sich selbst sorgen, aber ich kann mir nicht vorstellen, was aus den anderen werden soll."

„Wo stehen Sie politisch?", fragte ich.

„Ich bin nicht politisch", sagte er. „Ich bin sechsundsiebzig Jahre alt. Ich bin jetzt zwölf Kilometer gegangen und ich glaube, dass ich jetzt nicht weiter gehen kann."

„Dies ist kein guter Platz zum Bleiben", sagte ich. „Falls Sie es schaffen können, dort oben, wo die Straße nach Tortosa abzweigt, sind Lastwagen."

„Ich will ein bisschen warten", sagte er, „und dann werde ich gehen. Wo fahren die Lastwagen hin?"

„Nach Barcelona zu", sagte ich ihm.

„Ich kenne niemand in der Richtung", sagte er, „aber ich danke sehr. Nochmals sehr schönen Dank."

Er blickte mich ausdruckslos und müde an, dann sagte er, da er seine Sorgen mit jemandem teilen musste: „Der Katze wird nichts passieren, das weiß ich; man braucht sich wegen der Katze keine Sorgen zu machen. Aber die anderen; was glauben Sie wohl von den anderen?"

„Ach, wahrscheinlich werden sie heil durch alles durchkommen."

Kurzgeschichte 1

„Glauben Sie das?"
100 „Warum nicht?", sagte ich und beobachtete das jenseitige Ufer, wo jetzt keine Karren mehr waren.
„Aber was werden sie unter der Artillerie tun, wo man mich wegen der Artillerie fortgeschickt hat?"
„Haben Sie den Taubenkäfig unverschlossen ge-
105 lassen?", fragte ich.
„Ja."
„Dann werden sie wegfliegen."
„Ja, gewiss werden sie wegfliegen. Aber die anderen? Es ist besser, man denkt nicht an die anderen", sagte
110 er.
„Wenn Sie sich ausgeruht haben, sollten Sie gehen", drängte ich. „Stehen Sie auf und versuchen Sie jetzt einmal zu gehen."
„Danke", sagte er und stand auf, schwankte hin und her und setzte sich dann rücklings in den Staub. 115
„Ich habe Tiere gehütet", sagte er eintönig, aber nicht mehr zu mir, „ich habe doch nur Tiere gehütet."
Man konnte nichts für ihn tun. Es war Ostersonntag und die Faschisten rückten gegen den Ebro vor. Es war ein grauer, bedeckter Tag mit tief fliegenden Wolken, 120 darum waren ihre Flugzeuge nicht am Himmel. Das und die Tatsache, dass Katzen für sich selbst sorgen können, war alles an Glück, was der alte Mann je haben würde.

1 Die äußeren Gegebenheiten der Geschichte

Die äußeren Gegebenheiten lassen sich mithilfe von W-Fragen herausfinden.

1.1 Wer sind die Hauptpersonen in der Geschichte?

1.2 Wo spielt die Geschichte?

1.3 Wann spielt die Geschichte? Schreiben Sie die zeitlichen Angaben heraus.

1 Was geschieht? (Die eigentliche Handlung ist sehr gering, sodass Sie diese in wenigen Sätzen zusammenfassen können.)

2 Die Personen

2.1 An einigen Stellen ist von dem alten Mann und seinem Schicksal die Rede. Schreiben Sie diese Angaben stichwortartig und mit Zeilenangabe heraus.

Kurzgeschichte 1

2.2 Der Ich-Erzähler (Hemingway selbst?) wendet sich dem alten Mann zu. Wie empfindet der Leser diese Zuwendung? Kreuzen Sie die entsprechenden Charakterisierungen an.

- ◯ neugierig
- ◯ gleichgültig
- ◯ gerührt
- ◯ anteilnehmend
- ◯ oberflächlich
- ◯ tröstend
- ◯ beratend

- ◯ unbeteiligt
- ◯ nüchtern
- ◯ menschlich
- ◯ gefühlsduselig
- ◯ hilfsbereit
- ◯ beschwichtigend
- ◯ widerwillig

2.3 Eine Kernstelle der Geschichte sind die Aussagen des alten Mannes in Zeile 78/79 und 116/117. Was kommt in diesen Worten zum Ausdruck?

_____
_____
_____
_____
_____

3 Die Brücke als Sinnbild

Oft geben Überschriften dichterischer Texte Hinweise darauf, wie die verborgene Aussage einer Geschichte gedeutet werden kann.

Die provisorische Brücke wird über ihre praktische Aufgabe im Kampfgeschehen hinaus zu einem **Sinnbild**. Sie bildet den Treffpunkt zweier gegensätzlicher Welten, die hier hart aufeinanderstoßen.

Kennzeichnen Sie die Welten mit Ausdrücken aus dem Text und eigenen Worten und ordnen Sie diese in die Spalten unter der Zeichnung ein.

| Vergangenheit des alten Mannes | Sinnbild „Brücke" | Zukunft des alten Mannes |

69

Kurzgeschichte 1

4 Sprachliche Mittel

4.1 Hemingway verwendet bei der Gestaltung dieser Geschichte einige besonders auffällige sprachliche Mittel. Nennen Sie jeweils Beispiele mit Zeilenangaben für das einzelne Gestaltungsmittel.

— monotone Wiederholungen bestimmter Wörter:

_____

_____

— nüchtern-schlichte Wortwahl:

_____

_____

— sehr kurze, einfach gebaute Sätze:

_____

_____

4.2 Welche Wirkung auf den Leser beabsichtigt er damit?

_____

_____

5 Merkmale der Kurzgeschichte

An der vorliegenden Kurzgeschichte Hemingways lassen sich Merkmale dieser dichterischen Textsorte besonders gut erkennen.

Belegen Sie stichwortartig die in der linken Spalte allgemein formulierten Merkmale mit Ergebnissen aus dem erarbeiteten Text und tragen Sie Ihre Belege in die rechte Spalte ein.

Merkmale der Kurzgeschichte	Belege aus „Alter Mann an der Brücke"
▶ Sie ist **kurz**: (Hemingway: „einen Haarschnitt lang")	_____ Minuten Lesezeit
▶ Sie ist **offen**: Sie beginnt und endet unvermittelt. Das Vorher und Nachher werden nicht dargestellt.	Anfang: Ende:
▶ Sie **beschränkt** sich auf — eine kurze Zeitspanne, — meist einen (1) Handlungsort, — eine geringe Personenzahl.	
▶ Sie stellt **Alltägliches**, oft zunächst unbedeutend Erscheinendes dar: — leicht fasslicher Inhalt — einfache Sprache	

Kurzgeschichte 2

Heinrich Böll
Anekdote zur Senkung der Arbeitsmoral

In einem Hafen der westlichen Küste Europas liegt ein ärmlich gekleideter Mann in seinem Fischerboot und döst. Ein schick angezogener Tourist legt eben einen neuen Farbfilm in seinen Fotoapparat, um das idyllische Bild zu fotografieren; blauer Himmel, grüne See mit friedlichen, schnee-
5 weißen Wellenkämmen, schwarzes Boot, rote Fischermütze, klick.
Noch einmal: klick, und da aller guten Dinge drei sind und sicher sicher ist, ein drittes Mal: klick. Das spröde, fast feindselige Geräusch weckt den dösenden Fischer, der sich schläfrig aufrichtet, schläfrig nach seiner Zigarettenschachtel angelt, aber bevor er das Gesuchte gefunden, hat
10 ihm der eifrige Tourist schon eine Schachtel vor die Nase gehalten, ihm die Zigarette nicht gerade in den Mund gesteckt, aber in die Hand gelegt und ein viertes Klick, das des Feuerzeuges, schließt die eilfertige Höflichkeit ab. Durch jenes kaum messbare, nie nachweisbare Zuviel an flinker Höflichkeit ist eine gereizte Verlegenheit entstanden, die der
15 Tourist – der Landessprache mächtig – durch ein Gespräch zu überbrücken versucht.
„Sie werden heute einen guten Fang machen."
Kopfschütteln des Fischers.
„Aber man hat mir gesagt, dass das Wetter günstig ist."
20 Kopfnicken des Fischers.
„Sie werden also nicht ausfahren?"
Kopfschütteln des Fischers, steigende Nervosität des Touristen. Gewiss liegt ihm das Wohl des ärmlich gekleideten Menschen am Herzen, nagt in ihm die Trauer über die verpasste Gelegenheit. „Oh, fühlen Sie sich
25 nicht wohl?"
Endlich geht der Fischer von der Zeichensprache zum wahrhaft gesprochenen Wort über. „Ich fühle mich großartig", sagt er. „Ich habe mich nie besser gefühlt." Er steht auf, reckt sich, als wollte er demonstrieren, wie athletisch er gebaut ist. „Ich fühle mich phantastisch." Der Gesichts-
30 ausdruck des Touristen wird immer unglücklicher, er kann die Frage nicht mehr unterdrücken, die ihm sozusagen das Herz zu sprengen droht: „Aber warum fahren Sie dann nicht aus?"
Die Antwort kommt prompt und knapp: „Weil ich heute Morgen schon ausgefahren bin."
35 „War der Fang gut?"
„Er war so gut, dass ich nicht noch einmal auszufahren brauche, ich habe vier Hummer in meinen Körben gehabt, fast zwei Dutzend Makrelen gefangen …"
Der Fischer, endlich erwacht, taut jetzt auf und klopft dem Touristen
40 beruhigend auf die Schultern. Dessen besorgter Gesichtsausdruck erscheint ihm als ein Ausdruck zwar unangebrachter, doch rührender Kümmernis.
„Ich habe sogar für morgen und übermorgen genug", sagt er, um des Fremden Seele zu erleichtern. „Rauchen Sie eine von meinen?"
45 „Ja, danke."
Zigaretten werden in die Münder gesteckt, ein fünftes Klick, der Fremde setzt sich kopfschüttelnd auf den Bootsrand, legt die Kamera aus der Hand, denn er braucht jetzt beide Hände, um seiner Rede Nachdruck zu verleihen.
50 „Ich will mich ja nicht in Ihre Angelegenheiten mischen", sagt er, „aber stellen Sie sich mal vor, Sie führen heute ein zweites, ein drittes, viel-

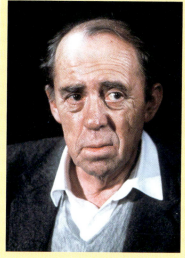

Heinrich Böll (1917–1985) machte eine Buchhändlerlehre, bevor er studierte und Soldat wurde. Als freier Schriftsteller begleitete er die Nachkriegszeit in Deutschland und setzte sich mit ihren politischen und gesellschaftlichen Problemen, wie dem Wirtschaftswunder oder der atomaren Aufrüstung, in seinen Werken kritisch auseinander. Er wies schonungslos auf Sattheit, Leere und Verfilzung hin und trat für menschliche Werte ein. 1972 erhielt er den Nobelpreis für Literatur.

Erzählungen:

Wanderer, kommst du nach Spa... (1950)

Das Brot der frühen Jahre (1955)

Im Tal der donnernden Hufe (1957)

Doktor Murkes gesammeltes Schweigen (1958)

Romane:

Wo warst du, Adam? (1951)

Billard um halb zehn (1958)

Ansichten eines Clowns (1963)

Frauen vor Flusslandschaft (1984)

Kurzgeschichte 2

leicht ein viertes Mal aus und Sie würden drei, vier, fünf, vielleicht gar zehn Dutzend Makrelen fangen … stellen Sie sich das mal vor."

Der Fischer nickt. „Sie würden", fährt der Tourist fort, „nicht nur heute, sondern morgen, übermorgen, ja,
55 an jedem günstigen Tag zwei-, dreimal, vielleicht viermal ausfahren – wissen Sie, was geschehen würde?"

Der Fischer schüttelt den Kopf.

„Sie würden sich in spätestens einem Jahr einen Motor kaufen können, in zwei Jahren ein zweites Boot, in drei oder vier Jahren könnten Sie vielleicht einen kleinen Kutter haben, mit zwei Booten oder dem Kutter würden Sie natürlich mehr fangen – eines Tages würden Sie zwei Kutter haben, Sie würden …", die
60 Begeisterung verschlägt ihm für ein paar Augenblicke die Stimme, „Sie würden ein kleines Kühlhaus bauen, vielleicht eine Räucherei, später eine Marinadenfabrik, mit einem eigenen Hubschrauber rundfliegen, die Fischschwärme ausmachen und Ihren Kuttern per Funk Anweisung geben. Sie könnten die Lachsrechte erwerben, ein Fischrestaurant eröffnen, den Hummer ohne Zwischenhändler direkt nach Paris exportieren – und dann …", wieder verschlägt die Begeisterung dem Fremden die Sprache. Kopfschüttelnd, im tiefsten
65 Herzen betrübt, seiner Urlaubsfreude schon fast verlustig, blickt er auf die friedlich hereinrollende Flut, in der die ungefangenen Fische munter springen.

„Und dann", sagt er, aber wieder verschlägt ihm die Erregung die Sprache. Der Fischer klopft ihm auf den Rücken, wie einem Kind, das sich verschluckt hat. „Was dann?", fragt er leise. „Dann", sagt der Fremde mit stiller Begeisterung, „dann könnten Sie beruhigt hier im Hafen sitzen, in der Sonne dösen – und auf das herr-
70 liche Meer blicken."

„Aber das tue ich ja schon jetzt", sagt der Fischer, „ich sitze beruhigt im Hafen und döse, nur Ihr Klicken hat mich dabei gestört."

Tatsächlich zieht der solcherlei belehrte Tourist nachdenklich von dannen, denn früher hatte er auch einmal geglaubt, er arbeite, um eines Tages einmal nicht mehr arbeiten zu müssen, und es blieb keine Spur von
75 Mitleid mit dem ärmlich gekleideten Fischer in ihm zurück, nur ein wenig Neid.

1 Das äußere Geschehen

1.1 Wo spielt die Geschichte? (Angaben mit Zeilenzahlen!)

_____

_____

1.2 Wann spielt die Geschichte?

_____

1.3 Zu beiden Personen werden im Text eine Fülle von Angaben gemacht.
Schreiben Sie diese Textstellen möglichst knapp heraus.

Fischer	Tourist

Kurzgeschichte 2

2 Die innere Einstellung der Personen

2.1 In welchem seelischen Zustand erscheint dem Leser

... der Fischer an einem Arbeitstag?	... der Tourist an einem Urlaubstag?

2.2 Der Tourist entwirft dem Fischer einen Plan, wie dessen wirtschaftlicher Aufstieg aussehen könnte. Tragen Sie – unten beginnend – die Einzelstationen auf dieser „Erfolgsleiter" in Stichworten ein. Das unterste und das oberste Stichwort entsprechen sich.

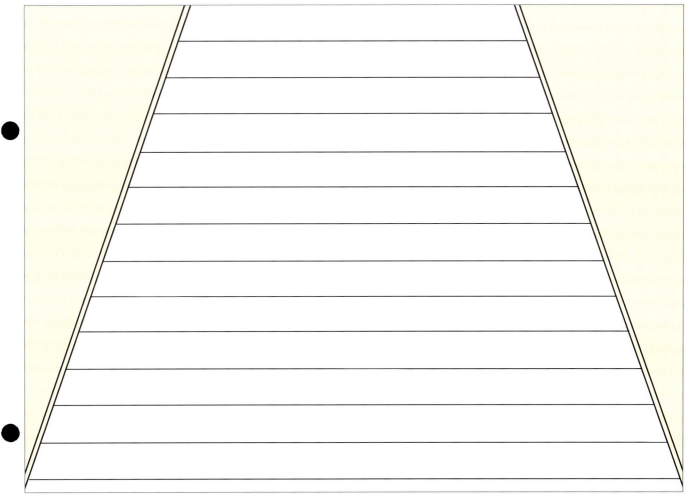

2.3 Welche Einstellung zu diesem Vorschlag kommt in der Antwort des Fischers (Zeile 71) zum Ausdruck?

2.4 Worin liegt der Sinn der Arbeit in den Augen

... des Fischers?	... des Touristen?

Kurzgeschichte 2

3 Anekdote oder Kurzgeschichte?

Böll schrieb die Geschichte in der Zeit des deutschen Wirtschaftswunders (Anfang der 60er-Jahre), als die Steigerung des Lebensstandards durch intensiven Arbeitseinsatz vielen als höchstes Lebensziel galt.

3.1 Der Dichter verfolgt mit dem Begriff Anekdote in der Überschrift eine bestimmte Absicht. Welches Merkmal der Anekdote fällt bei unserer Geschichte besonders auf (vgl. Anekdote S. 64).

_____

_____

3.2 Der Text steht aber auch der Kurzgeschichte nahe. Welche Merkmale der Kurzgeschichte (vgl. Seite 70) finden sich in diesem „Mischtext"?

_____

_____

4 Wortfeldübung

4.1 In Arbeitszeugnissen wird die Einstellung einer Person zu ihrer Arbeit oft mit Eigenschaftswörtern (Adjektiven) beschrieben.
Suchen Sie solche Eigenschaftswörter und ordnen Sie diese in die drei Spalten ein.

übertriebene Arbeitshaltung	normale Arbeitshaltung	mangelhafte Arbeitshaltung

4.2 Bilden Sie aus den gefundenen Eigenschaftswörtern Hauptwörter (Substantive).

Erzählung

Jörg Johannes Höck (geb. 1938)

Ins Abseits

Am Eingang zum Hofgarten verschnauft er, gibt seiner Armmuskulatur Zeit, sich zu erholen. Mit gesenktem Kopf, mit weit zurückgreifenden Armen ist er aus der Altstadt herausgefahren, geflohen.

Nichts, nichts werden Conny und Stefan erfahren. Aber er, wie kann er damit fertig werden? Der Angriff war unvermutet gekommen; das schmerzhafteste Foul, das er einstecken musste, und keiner pfiff, niemand zog die rote Karte. Das war kein Spiel, wie er es kennt. Die Hände vor den Augen verweilt er. Milde Sonne verteilt der Junimorgen.

Er nimmt den Ball mit der Brust an, lässt ihn abtropfen, blickt kurz nach links – kein Abseits –, dribbelt und hebt das Leder fast zärtlich über den herausgelaufenen gegnerischen Torwart. Eine Welle von Jubel rollt über den Platz „Pe-ter, Pe-ter, Pe-ter." Wieder ein Prachttor, wie sie es von ihrem Halbrechten aus vielen Begegnungen kennen, wie sie es Spiel für Spiel von ihm erwarten. Die kleine Stadt bewundert den 23-Jährigen. Für seine Beine finden die Sportreporter der Lokalzeitung die seltsamsten Wörter: Wunderwaden, Kapital, goldwert … Auf den Rängen stehen aufmerksame Beobachter auswärtiger Vereine aus höheren Ligen, notieren beflissen und ködern Peter mit verlockenden Angeboten. „Du kannst Kohle machen, greif zu!", raten manche. Ab und zu schwankt er, ob er zupacken soll. Seit Schülerzeiten spielt er für den Verein. In seiner Stadt hat er seine Kameraden, Conny, seine Freundin, und seine Arbeit, die Spaß macht, als Kaufmann in der Spedition. Hier fühlt er sich wohl, genießt die Begeisterung seiner jungen Fans, geht wohl hie und da mit ihnen auf ein Bier. Peter bleibt. Dumm heißen ihn die einen, treu andere.

Seit einiger Zeit fühlt Peter sich bereits Mitte der ersten Spielhälfte geschafft. Der Atem reicht nicht, dem Steilpass zu folgen. Steinschwer empfindet er seine Beine. Pfiffe gellen über das Fußballfeld. Conny, seit sechs Jahren seine Frau, besteht darauf, einen Arzt nach der Ursache der ungewohnten Müdigkeit suchen zu lassen. Abhören, abklopfen, abtasten, Blutentnahme, drei Tage später jener Anruf des Arztes: Diabetes. Mit dem Leistungssport ist es vorbei. Über die ersten Tiefs helfen ihm Conny, Stefan, sein kleiner Sohn, hinweg und die Freunde. Samstags steht er jetzt als Zuschauer am Platzrand. „Seine Buben" will er spielen sehen, er hängt an den jungen Leuten. Frühere Bewunderer klopfen ihm aufmunternd auf die Schulter: „Das wird schon wieder." Dass das leere Worte sind, weiß er genau.

An Insulinspritzen und strenge Diät hat er sich zu gewöhnen und an die Müdigkeit, die ihn oft unvermittelt überfällt. Willensstark, im Sport gestählt, durchsteht er die Einschränkungen und das Grübeln über die Frage: Warum gerade ich … Mit größerem Einsatz als damals auf dem Spielfeld kämpft er, setzt sich gegen die Krankheit zur Wehr. Doch sie schlägt zu. Drei Zehen des rechten Fußes verfärben sich. Vier Wochen später sind sie amputiert. Peter steht mit Krücken neben der Aus-Linie. Ein Jahr später fehlt das rechte Bein bis zum Knie, kaum ein halbes Jahr danach der linke Fuß bis zum Knöchel. Der 42-Jährige sitzt im Rollstuhl – Beine ohne Füße. Conny und Stefan heben, tragen ihn, ertragen ihn, denn häufiger als früher regt ihn auf, worüber er zuvor hinwegsehen konnte. Doch kleinkriegen lässt er sich nicht.

Weiterhin trifft er sich mit den wenigen Freunden, die zu ihm halten. Gesprochen wird über Gott und die Welt und den Fußball. Das Glas Bier am Samstagmorgen hat er in seine Diät eingeplant. Heute rollt er etwas vorzeitig über den zur Fußgängerzone verwandelten Marktplatz. Viele grüßen. Am Treffpunkt, dem Brunnen in der Platzmitte, gönnt er sich den geliebten Blick: das Bild der spitzen, heiterfarbenen Giebel vor dem seidenblauen Himmel. „Krüppel, verpiss dich!" Drei Burschen sitzen auf dem granitenen Beckenrand, gequetschte Bierdosen in den Händen. Wem gilt der Zuruf? Er schaut sich um; da steht niemand. Einer der drei streckt ihm grinsend den aufgestellten Mittelfinger entgegen. Peters Hals krampft sich zusammen. Zu einer Gegenrede weiß er sich nicht fähig.

Mit der Kraft der Wut und des Schmerzes reißt er den Rollstuhl herum. Die Pflastersteine versetzen ihm holpernd Stöße. Abseits der Passantenströme flieht er durch leere Altstadtgassen.

Die drei Burschen kicken die leeren Dosen über das Pflaster. Blechernes Klatschen hallt über den Platz. Der Himmel verschenkt eine milde Morgensonne.

Erzählung

1 Personen in der Erzählung

1.1 Versuchen Sie, den Helden der Erzählung, Peter, mit Eigenschaftswörtern zu charakterisieren. Wählen Sie aus dem folgenden Angebot aus und unterscheiden Sie mithilfe der Tabelle.

bescheiden • sportlich • beliebt • behindert • tapfer • einsatzwillig • überheblich • gleichgültig • roh • leutselig • verschlossen • sportbegeistert • freundlich • sensibel • ehrsüchtig • selbstbewusst • verletzlich • verzweifelt • kontaktfreudig • rechthaberisch • stur • umgänglich • zäh • willensstark • verbittert

vor dem Schicksalsschlag	nach dem Schicksalsschlag	unabhängig vom Schicksalsschlag	passen nicht zum Charakterbild Peters

1.2 Von den jungen Leuten am Brunnen erfährt man zu wenig, als dass man einen von ihnen charakterisieren könnte. Ihr Verhalten jedoch lässt auf einen besonderen Typ von Menschen schließen. Stellen Sie diesen kurz dar.

_____
_____
_____
_____

2 Aufbau der Erzählung

Die Erzählung ist nicht dem zeitlichen Ablauf entsprechend angeordnet. Diese Art des Erzählens wird recht häufig in Filmen angewandt, wo Schnitte den Erzählverlauf unterbrechen und z. B. Rückblenden oder parallele Handlungen eingebaut werden.

2.1 Ordnen Sie die Zeilenzahlen den Erzählabschnitten zu.

	Zeile(n)
Die vergangenen Jahre bis zur Erzählgegenwart	
Die Gegenwart in der Erzählung	
Die unmittelbare Gegenwart (Erzählgegenwart)	

Erzählung

2.2 Was erreicht der Erzähler mit dieser Rückblende-Technik?

_____
_____
_____

3 Innere Spannungsbezüge

Lesenswert ist diese Geschichte weniger wegen einer äußeren Spannung als vielmehr wegen der Gegensätze, die darin aufeinandertreffen und eine innere Spannung bewirken.

Beispiel:

	Gegensätze	
Wunderwaden Z. 22		ohne Füße Z. 64/65
goldwert Z. 22	BEINE	getragen werden Z. 65
dribbeln Z. 14		

Weisen Sie solche Gegensätze bei den drei folgenden Begriffen nach.

	Gegensätze	
	ABSEITS	
	ANGRIFF	
	JUNGE LEUTE	

Erzählung

4 „Temperatur" zwischenmenschlicher Beziehungen

Die „Atmosphäre" zwischen Menschen kann das Zusammenleben erleichtern oder erschweren.

Ordnen Sie die folgenden Begriffe nach ihrer „Wärme" beziehungsweise „Kälte" in die folgende Tabelle (3. Spalte) ein. Beginnen Sie mit dem „heißesten" Begriff und beenden Sie die Liste mit dem „kältesten". Richten Sie sich dabei nach Ihrem sprachlichen Empfinden.

Freundlichkeit • Ablehnung • Liebenswürdigkeit • Herzlosigkeit • Zärtlichkeit • Verständnis • Antipathie • Akzeptanz • Interesse • Hilfsbereitschaft • Zuneigung • Toleranz • Anerkennung • Sympathie • Lieblosigkeit • Einfühlungsvermögen • Desinteresse • Abneigung • Achtung • Wertschätzung • Vergötterung • Böswilligkeit • Unachtsamkeit • Stumpfheit • Verehrung • Feindseligkeit • Intoleranz • Unverträglichkeit • Streitsucht • Zuwendung • Gewogenheit • Mitgefühl • Herzlichkeit • Warmherzigkeit

heiß	LIEBE	
lau	GLEICHGÜLTIGKEIT	
kalt	HASS	

Der Arbeiter im Gedicht

Ein Arbeiter liest in einem Geschichtsbuch. Dabei kommen ihm Fragen in den Sinn.

Bertolt Brecht
Fragen eines lesenden Arbeiters

Wer baute das siebentorige Theben?
In den Büchern stehen die Namen von Königen.
Haben die Könige die Felsbrocken herbeigeschleppt?
Und das mehrmals zerstörte Babylon.
Wer baute es so viele Male auf? In welchen Häusern
Des goldstrahlenden Lima wohnten die Bauleute?
Wohin gingen an dem Abend, wo die chinesische Mauer fertig war,
Die Maurer? Das große Rom
Ist voll von Triumphbögen. Über wen
Triumphierten die Cäsaren? Hatte das vielbesungene Byzanz
Nur Paläste für seine Bewohner? Selbst in dem sagenhaften Atlantis
Brüllten doch in der Nacht, wo das Meer es verschlang,
Die Ersaufenden nach ihren Sklaven.
Der junge Alexander eroberte Indien.
Er allein?
Cäsar schlug die Gallier.
Hatte er nicht wenigstens einen Koch bei sich?
Philipp von Spanien weinte, als seine Flotte untergegangen war.
Weinte sonst niemand?
Friedrich der Zweite siegte im Siebenjährigen Krieg.
Wer siegte außer ihm?

Jede Seite ein Sieg.
Wer kochte den Siegesschmaus?
Alle zehn Jahre ein großer Mann.
Wer bezahlte die Spesen?

So viele Berichte.
So viele Fragen.

Theben: Alte Stadt in Oberägypten, zeitweise Hauptstadt des altägyptischen Reiches. Besaß sieben Stadttore.

Babylon: Alte Stadt am Euphrat. Hauptstadt des babylonischen Reiches (2. Jt. v. Chr.). Wurde mehrmals von den Assyrern zerstört, aber immer wieder aufgebaut.

Lima: 1535 von Spaniern gegründet, Sitz der spanischen Vizekönige von Peru, prächtig ausgebaut (heute Hauptstadt Perus).

Chinesische Mauer: Ca. 200 v. Chr. von den Chinesen zum Schutz gegen feindliche Nomaden erbaute Schutzmauer

Cäsaren = römische Kaiser

Byzanz = Konstantinopel (heute Istanbul), Hauptstadt des Oströmischen Reiches (5.–13. Jh.)

Atlantis: sagenhafte versunkene Insel

Alexander der Große (356–323 v. Chr.): griechischer König und Feldherr

Cäsar (100–44 v. Chr.): Erobert Gallien (das heutige Frankreich) für das Römische Reich.

Philipp II. von Spanien (1527–98): Versucht England anzugreifen und verliert dabei 1588 seine ganze Flotte.

Friedrich II. von Preußen (= Friedrich der Große): Gegen die Übermacht Russlands, Österreichs und Frankreichs hält Friedrich im Siebenjährigen Krieg (1756–63) durch und macht Preußen zur europäischen Großmacht.

1898 in Augsburg geboren, zählt **Bertolt Brecht** zu den meistgespielten Bühnenschriftstellern des 20. Jahrhunderts. Neben Dramen schrieb er auch Erzählungen und Gedichte. Ein besonderes Anliegen war ihm das Schicksal der Unterdrückten. 1956 starb er in Berlin.

1 Sachklärung

Lesen Sie das Gedicht zunächst still, um den Inhalt zu verstehen. Unbekannte Namen und Begriffe können Sie dem Lexikon oder Internet entnehmen.

2 Arbeit am Text

2.1 Beantworten Sie alle Fragen, die Brecht in seinem Gedicht stellt.

2.2 Sinn und Absicht der vielen Einzelfragen des Gedichts sind konzentriert in zwei Zeilen. Unterstreichen Sie diese zwei Zeilen.

2.3 Die vielen Fragen, die Brecht stellt, sind eigentlich nur Scheinfragen.
Welche Behauptung Brechts steckt hinter all diesen Fragen?

Der Arbeiter im Gedicht

Heinrich Lersch
Mensch im Eisen

Mein Tagewerk ist: im engen Kesselrohr
Bei kleinem Glühlicht kniend krumm zu sitzen,
An Nieten hämmernd, in der Hitze schwitzen,
Verrußt sind Aug und Haar und Ohr,
Nur noch ein kleiner Menschenkraftmotor
Bin ich, des' Hebel – meine Arme – flitzen,
Ich will die Adern mit dem Messer ritzen:
Dampf stößt, statt roten Blutes Strahl, hervor.
Oh Mensch, wo bist du? Wie ein Käfertier
Im Bernstein eingeschlossen, hockst du rings im Eisen,
Eisen umpanzert dich mit schließendem Gewirr!
Im Auge rast die Seele, arm und irr.
Heimweh heult wahnsinnswild,
Heimweh weint süße Weisen
nach Erde, Mensch und Licht!
Schrei lauter, Mensch im Eisen!

Heinrich Lersch, geboren 1889 in Mönchengladbach, war Kesselschmied. In seinen schlichten Gedichten und Erzählungen spiegelt er seine Arbeit wider. Er starb 1936.

Heinz Piontek
Das Mahl der Straßenwärter

Im Teerfassschatten kauen sie gelassen
Durchwachsnen Speck und weißes Kümmelbrot
Und spucken aus, wenn sie die Messer fassen,
Und blinzeln nach dem Limousinenrot.

Die Kaffeeflasche gluckst, die Krusten brechen,
Dem Alten hängt im Bart das gelbe Ei,
Der Ziegenkäse hindert sie beim Sprechen,
Der Mittag zieht als Butterduft vorbei.

Durchs Grabengras rolln die verschwitzten Hüte,
Die Männer wischen sich das Fett vom Munde,
Bei Schaufeleisen und Kamillenblüte
Spürn sie des Daseins wunderlichen Grund.

Sie stopfen Krüll in die zerbissnen Pfeifen,
Ein Becher Kirschschnaps treibt ihr zähes Blut,
Das Künftige, schon ist's für sie zu greifen
Im Schotterhügel: He – die Welt ist gut!

Heinz Piontek ist 1925 im oberschlesischen Kreuzburg geboren. Neben Gedichten schrieb er auch Erzählungen, Hörspiele und Romane. Er starb 2003.

3 Arbeit am Text

3.1 Unterstreichen Sie in beiden Gedichten die Formulierungen, welche die Einstellung der jeweiligen Arbeiter zu ihrer Arbeit kennzeichnen.

3.2 Wie sehen die Arbeiter ihre Arbeitswelt in den beiden Gedichten?

Lersch: _____

Piontek: _____

3.3 Welche seelische Grundstimmung haben die Arbeiter in den beiden Gedichten?

Lersch: _____

Piontek: _____

4 Persönliche Stellungnahme

4.1 Kennen Sie aus Ihrer eigenen Arbeitswelt Tätigkeiten, die ähnliche Gefühle und Stimmungen hervorrufen können wie die in den Gedichten Lerschs und Pionteks?

_____

4.2 Welches Gedicht sagt Ihnen mehr zu? Warum?

_____

5 Gedichtvortrag

Lesen Sie die Gedichte laut und versuchen Sie dabei in der Art Ihres Vortrages der jeweiligen Grundstimmung gerecht zu werden. Vorsicht vor Übertreibungen.

Tipp: Wenn Sie weitere Gedichte kennenlernen wollen, empfehlen wir Ihnen das Buch „Deutsche Gedichte", hrsg. v. Dietrich Bode, Verlag Reclam, Stuttgart 2000.